Alwin Schultz

Die Legende vom Leben der Jungfrau Maria und ihre Darstellung

in der bildenden Kunst des Mittelalters

Alwin Schultz

Die Legende vom Leben der Jungfrau Maria und ihre Darstellung in der bildenden Kunst des Mittelalters

ISBN/EAN: 9783743311534

Hergestellt in Europa, USA, Kanada, Australien, Japan

Cover: Foto ©Thomas Meinert / pixelio.de

Manufactured and distributed by brebook publishing software
(www.brebook.com)

Alwin Schultz

Die Legende vom Leben der Jungfrau Maria und ihre Darstellung

in der bildenden Kunst des Mittelalters

DIE LEGENDE

VOM

LEBEN DER JUNGFRAU

MARIA

UND IHRE DARSTELLUNG IN DER BILDENDEN
KUNST DES MITTELALTERS

VON

ALWIN SCHULTZ.

LEIPZIG.

VERLAG VON E. A. SEEMANN.

1878.

EINLEITUNG.

ls am Anfange unfres Jahrhunderts das Intereffe für die Kunft-
werke des Mittelalters wieder erwachte, als man die Denkmäler
alter Poefie, die Monumente der bildenden Kunft jener fo lange
geflilfentlich mißachteten Periode gleichfam wieder entdeckte und
ihnen nun einen Enthufiasmus, eine Bewunderung entgegen
brachte, als wolle man damit die lange ungerechte Vernachläffigung fühnen,
da glaubte man, daß alle jene Denkmale zu würdigen, zu begreifen und zu
verftehen für Jeden leicht fei, der nur mit hingebender Liebe und Begeifterung
fich mit ihnen befchäftige. Die deutfchen Epen des Mittelalters zu lefen, vor
allem das Nibelungenbild zu verftehen, konnte einem, der für das deutfche Vater-
land erglühte, ja gar nicht fchwer werden; ja die Vaterlandsliebe allein genügte,
manchen feiner Meinung nach zur Herausgabe mittelalterlicher Gefchichtsquellen
zu befähigen, wie in den erften Jahrgängen des Pertz'fchen Archivs vielfach zu
lefen ift. Die Werke der bildenden Kunft richtig zu beurtheilen konnte noch
weniger fchwierig erfcheinen; ftellten doch die meiften Werke mittelalterlicher
Plaftik und Malerei Scenen aus der biblifchen Gefchichte des alten und neuen
Teftamentes dar, die Jedermann bekannt waren, und felbft die Darftellungen
von legendarifchen Stoffen mußten ja zumal den Katholiken leicht verftändlich
fein. Diefe frohe Begeifterung hat mit der Zeit einer nüchternen Prüfung Platz
gemacht; weit entfernt alles, was das Mittelalter hervorgebracht, fchon aus diefem
Grunde allein zu bewundern, wiffen wir, daß um ein Werk mittelalterlicher
Poefie recht zu verftehen, vor allem die Kenntniß der Sprache erforderlich ift;
kaum wird fich noch ein begeifterter Dilettant in unfrer Zeit für berufen halten
mittelalterliche Gefchichtfchreiber herausgegeben, da er wohl weiß, wie hoch
die Anfprüche find, deren Befriedigung man heut von einer folchen Arbeit er-
wartet, und auch die Erforfchung der Kunftgefchichte des Mittelalters ift mehr
und mehr Sache derjenigen geworden, welche diefem Zweige der Wiffenfchaft
ihre Thätigkeit ausfchließlich gewidmet haben.

Die Kunftgefchichte des Mittelalters ift eine Wiffenfchaft geworden, ift nicht
mehr ein bloßer Zeitvertreib für Liebhaber und Kunftenthufiaften. Für die ver-
hältnißmäßig kurze Zeit, daß fie gepflegt wird, hat fie recht bedeutende Erfolge
aufzuweifen. Nur in einer Richtung fcheint fie wenig oder gar keinen Fortfchritt

gemacht zu haben: in der willenfchaftlichen Interpretation der Denkmäler. Noch immer glaubt man mit einiger Kenntniß der Bibel allenfalls der Aufgabe gewachfen zu fein, die Bilder und Sculpturen des Mittelalters zu erklären, und die Attribute der gewöhnlich dargeftellten Heiligen, in Compendien und Tabellen gefammelt, fcheinen für den Handgebrauch, den betreffenden Heiligen zu erkennen, völlig auszureichen. Muß man das Leben eines einzelnen Heiligen näher kennen lernen, um zu beftimmen, welche Ereigniffe deffelben der Maler oder Bildhauer dargeftellt hat, dann fchlägt man wohl in modernen Heiligenbiographien nach oder zieht die Acta Sanctorum des Surius oder gar die der Bollandiften zu Rathe. Aber diefe Compilationen des fechszehnten und fiebzehnten Jahrhunderts, Werke eines ftaunenswerthen Fleißes, geben uns nicht die naiven Legenden des Mittelalters, wie fie den Gläubigen, wie fie den Künftlern bekannt waren; fie find fchon kritifch gefichtet. Wer die Legenden unverfälfcht kennen lernen will, der muß die mittelalterlichen Behandlungen derfelben auffuchen. Die Legenda aurea des Jacobus de Voragine ift wohl die bekannteste und auch am meiften benutzte Legendenfammlung des Mittelalters; aber fie enthält doch viele Legenden gar nicht, andre nur unvollftändig, fo daß man fie allein nicht in allen Fällen zu Rathe ziehen kann. Viel beffere Auskunft geben die poetifchen Bearbeitungen der Heiligenlegenden; fie find breiter angelegt und erzählen behaglich auch manchen volksthümlichen Zug, mit der die Phantafie der Gläubigen die Lebensgefchichte der Heiligen auszufchmücken liebte.

Es wäre nun gewiß recht wünfchenswerth für den Kunftforfcher, wenn das Wiffenswerthe aus diefen Legenden zwar kurz aber doch keinen wefentlichen Zug unterdrückend dargeftellt würde, wenn Jemand eine chriftliche Mythologie verfaßte, in der man erforderlichen Falles fich Raths erholen könnte. Irren doch in der Erklärung der Kunftwerke oft die hervorragendften Gelehrten! Ich erinnere nur an den fchon von Welfely (Iconographie 37, Anm.) erwähnten Mißgriff des hochverdienten Didron, der in feinen Annales archéologiques XII. 310, wo er ein Relief des 16. Jahrh. aus St. Dénis befpricht, die Himmelfahrt der Maria Aegyptiaca mit der der h. Jungfrau verwechfelt, und, da die Heilige nackt dargeftellt ift, nun gegen „le paganisme dans l'art chrétienne" feiner Entrüftung Luft macht. Die Arbeit ift allerdings recht fehr fchwer aber auch fehr dankbar; die zahlreichen Auflagen, welche die Schriften des Mrs. Jamefon erlebt haben, die einzigen mir bekannten Verfuche jenem Bedürfniß entgegenzukommen, liefern dafür den Beweis.

Unter den Legenden des Mittelalters nun, welche von den Künftlern befonders häufig dargeftellt worden find, ift wohl keine wichtiger zugleich aber fchöner und anmuthiger als die vom Leben der Jungfrau Maria. Vor vielen Jahren hatte ich aus den mittelhochdeutfchen Gedichten des zwölften und dreizehnten Jahrhunderts, aus der Legenda aurea und anderen mir zugänglichen Quellen zunächft zu meiner eignen Belehrung die Legende vom Leben der heiligen Jungfrau zufammengeftellt, allerdings in der Hoffnung, wenn diefe Arbeit nach Wunfch ausgefallen, diefelbe zu veröffentlichen, um Andern die immerhin wenigftens zeitraubenden Vorarbeiten zu erfparen. Als jedoch meine Abhandlung kaum vollendet war, erfuhr ich, daß eine Engländerin, Mrs. Jamefon, mir zuvorgekommen und legte deshalb meinen Auffatz zurück; einiges Intereffe erhielt fich freilich noch für den einmal liebgewonnenen Gegenftand, und fo fammelte ich auf Reifen und wo ich es fonft erreichen konnte, weiteres Material zur Iconographie des Marienlebens. Das Werk der Mrs. Jamefon, die »Legends of the Madonna«, von dem nun fchon die fünfte Auflage (Lond. 1872) vorliegt, lernte ich erft im Laufe diefes Jahres kennen; ich holte mein altes Manufcript wieder hervor, und da ich bemerkte, daß in dem englifchen Buche doch manche Partien zu oberflächlich, andre meines Erachtens gar zu weitfchweifig behandelt find, fo fchien mir jetzt mein Verfuch doch der Veröffentlichung werth.

Um jenem Werke einigermaßen würdig an die Seite geftellt werden zu können, durfte mein Schriftchen nicht bloß die Erzählung der Marienlegende enthalten: ich mußte auch die Ikonographie derfelben wenigftens für einen beftimmten Zeitraum, das Mittelalter, hinzufügen. Zwar hat fchon Mrs. Jamefon und fpäter Weffely in feiner „Iconographie Gottes und der Heiligen" (Leipz. 1874) einiges Material zufammengetragen; für ihren Zweck genügte es ein Gemälde nur kurz zu erwähnen, ohne zu bemerken, wo daffelbe fich befindet; fie nehmen ihre Beifpiele, wo fie diefelben finden, aus allen Kunftperioden. Ich dagegen will kein Bildwerk erwähnen, über deffen Exiftenz ich nicht genügende Auskunft zu geben vermag, und will mich nur auf das Mittelalter befchränken. Wenn ich hin und wieder fpätere Kunftwerke erwähne, fo werden die Gründe dafür in jedem fpeciellen Falle wohl dem Lefer klar fein. Wie wenig es mir gelungen ift, das angeftrebte Ziel zu erreichen, wie vieler Ergänzung vielleicht auch Berichtigung grade der iconographifche Theil bedürftig ift, dies fühle ich recht wohl, indeffen trifft eine Schuld mich kaum: mit dem allerdings herzlich unvollkommenen Material, das mir hiefige Bibliotheken und Sammlungen boten, habe ich arbeiten müffen; manche Werke wie U. Meynard's „la fainte Vierge" (Par. 1877) habe ich gar nicht benutzen können, vor allem war die Zahl der mir zugänglichen Abbildungen eine überaus geringe. Aber mit diefen Schwierigkeiten wird mehr oder weniger ein jeder zu kämpfen haben, der eine derartige Arbeit unternimmt. Die Befchreibungen der Gemälde und Bildwerke find in den meiften Werken — Crowe und Cavalcafelle's Gefchichte der italienifchen Kunft nehme ich aus — fo oberflächlich und flüchtig, daß man fich von der Compofition keine Vorftellung machen kann, während die Befchreibungen griechifcher und römifcher Kunftwerke meift allen Anfprüchen genügen. Es mag fein, daß die mittelalterliche Kunftgefchichte mit gar zu vielen Einzelwerken zu thun hat, denen fie nicht jene Aufmerkfamkeit zuwenden kann, da fonft ihre Darftellung einen der Wichtigkeit des Werkes kaum entfprechenden Raum beanfpruchen möchte. Mag fich diefe Erfcheinung aber auch erklären und rechtfertigen laſſen, nichts deſto weniger ſteht es feſt, daß die wenigſten Befchreibungen mittelalterlicher Kunſtwerke, zumal wenn diefe Werke nicht eine künſtlerifche Bedeutung haben, ausreichend ſind, wiſſenfchaftlich verwerthet zu werden. Um ſo größeren Werth haben für unſren Zweck die Abbildungen der Denkmäler mittelalterlicher Kunſt. Aber wie wenige derſelben ſind überhaupt vorhanden! Wenn wir die Publicationen dieſerWerke mit denen antikerMonumente vergleichen, die Menge der erhaltenen Denkmäler diefer und jener Zeit erwägen, ſo erfcheint die Zahl der durch Abbildung bekanntgemachten Werke mittelalterlicher Kunſt befchämend gering. Und doch iſt es einzig und allein durch Vergleichung ähnlicher Compoſitionen möglich, die Entſtehung und Fortentwickelung gewiſſer typifcher Dar-ſtellungen, an denen grade das Mittelalter ſo reich iſt, feſtzuſtellen. In gewiſſen Landſtrichen und zu beſtimmten Zeiten fcheinen für einzelne Darſtellungen aus den biblifchen und legendarifchen Cyklen ganz feſtſtehende Compoſitionen beſtanden zu haben, die von den Künſtlern zwar immer etwas geändert, vielleicht auch verbeſſert, doch in ihren Grundzügen ſo lange reproducirt wurden, bis eine andre Darſtellungsweife ſie verdrängte. Dies nachzuweifen hätte ich gern unter-nommen; allein das vorhandene Material geſtattete es mir nicht; verfucht habe ich es wenigſtens. Manchen Erfatz gewährten mir photographifche Nachbildungen, und ich war ſo glücklich, in der überaus reichen Sammlung von Photographien, die ein hiefiger Kunſtfreund und Kunſtkenner Herr Dr. Auguſt Fifcher befitzt und deren Benutzung mir mit größter Liberalität gewährt wurde, vielfach mir noch gänzlich unbekannte Kunſtwerke kennen zu lernen und für meine Arbeit benützen zu können. Auch für vielfache Nachweifungen von Bildwerken bin ich Herrn Dr. Fifcher zu größtem Danke verpflichtet.

Abſichtlich habe ich manche Darſtellungen ganz unberückſichtigt gelaſſen, andre nur kurz erwähnt. Es erfchien mir für meinen Zweck überflüſſig, die verfchiedenen Bilder der Jungfrau mit dem Kinde, die zufällig nach Laune des Beſtellers zugefügten Heiligen etc. ſo ausführlich zu befprechen, wie dies Mrs. Jamefon und Welſely zum Theil gethan haben. Ebenfo habe ich minderen Werth auf die Darſtellung der Scenen gelegt, welche ſtreng genommen mehr zur Iconographie Chriſti als der Maria gehören. Es iſt nicht Nachläſſigkeit, wenn diefe Partien kürzer behandelt erfcheinen, fondern es gefchah, weil ich einzig und allein die Iconographie des Lebens der Maria einer Unterfuchung unterziehen wollte.

Die Legende habe ich nach den mir vorliegenden Quellen erzählt; wie es mir, dem Proteſtanten, fern lag, eine erbauliche Schilderung vom Leben der Jungfrau Maria zu geben, ſo habe ich die Entſtehung, Fortbildung und Ent-wickelung der Legende zu unterfuchen auch andren, Berufeneren, überlaſſen. Nur dem Kunſthiſtoriker ein Hülfsbüchlein zu fchreiben, war meine Abſicht, und von diefem Standpunkt aus allein möchte ich meine Leiſtung beurtheilt fehen.

I. DIE LEGENDE VOM LEBEN DER JUNGFRAU MARIA.

————

Die kanonifchen Evangelien hatten die Jugendgefchichte des Heilands, das Leben und die Schickfale feiner Eltern nur kurz berührt: kein Wunder daher, daß die Gläubigen fpäter, zumal als die Verehrung der Maria mehr und mehr Eingang fand, den Wunfch hegten Genaueres vor allem über das Leben der heiligen Jungfrau zu erfahren. Diefem Wunfche kamen die Evangelien entgegen, die zum Theil fchon im zweiten Jahrhundert nach Chrifti Geburt bekannt wurden, und die, obfchon fie den Kirchenlehrern als apocryph galten, doch ihres erzählenden Inhalts wegen im ganzen Mittelalter bei den Gläubigen in hohem Anfehen ftanden. Es find dies das Protevangelium Jacobi, des Pfeudo-Matthaei Evangelium (Hiftoria de nativitate Mariae), das Evangelium de nativitate Mariae, das Evangelium Thomae und das Evangelium Nicodemi. Das letztere behandelt die Leidensgefchichte Jefu, die erfteren, fowie das Evangelium infantiae arabicum, das Leben der heiligen Jungfrau und die Kindheit Chrifti[1]). Der Tod und die Himmelfahrt der Maria wurden in einem befondren Büchlein gefchildert, das von einigen dem Evangeliften Johannes zugefchrieben wurde[2]), nach Anderen foll es von Johannes Damascenus verfaßt fein. Auf diefen apocryphen Schriften beruhen nun alle Erzählungen, welche uns von den deutfchen Dichtern des Mittelalters erhalten find.

Hrotsvitha[3]) beruft fich in ihrer Gefchichte der Geburt Mariae auf das Protevangelium Jacobi, fie hat aber auch das Evangelium Pfeudo-Matthaei entweder

————

1) Evangelia apocrypha ed. Conft. Tifchendorf, Lipf. 1853. A. Hoffmann, das Leben Jefu nach den Apocryphen. Leipzig 1851.

2) Affumptio beatae virginis Mariae qualiter facta fit, ex quodam libello apocrypho, qui Johanni evangeliftae afcribiter edocetur. Legenda aurea. Cap. CXIX.

3) Die Werke der Hrotsvitha hgg. v. K. A. Barack. Nürnb. 1858 — p. 7.

im Original oder in einer Bearbeitung gekannt[1]). Wernher von Tegernsee[2]) folgt dem Pfeudo-Matthaeus, aber auch er kannte ihn nur in einer von dem uns gedruckt vorliegenden Evangelium abweichenden Redaction. Alle fpäteren Ge-Gedichte: das alte Paffional[3]), Philipp des Karthäufers Marienleben[4]), Konrad's von Fuffesbrunn Gedicht von der Kindheit Jefu[5]), die Erzählungen vom Leben Jefu[6]), von Mariae Himmelfahrt[7]), die niederdeutfchen Marienlieder[8]), des Konrad von Heimesfurt Mariae Himmelfahrt[9]), Walther's von Rheinau Marienleben[10]), endlich Peter Suchenwirth's Gedicht von den fieben Freuden der Maria[11]), alle beruhen mehr oder weniger auf lateinifchen Compilationen, denen im Einzelnen ich, wie fchon bemerkt, nachzuforfchen keine Urfache hatte, die aber ihrerfeits wieder von den apocryphen Evangelien abgeleitet find. Eine der be-rühmteften Compilationen ift die Legenda aurea oder hiftoria Lombardica des Jacobus a Voragine († 1298)[12]).

Ohne befondren Nutzen habe ich noch die Werke des Nicephorus Calli-ftus[13]), des Bernhardinus de Bufco (um 1480)[14]), des Pelbardus de Temeswar (Ende des 15. Anf. des 16. Jahrh.)[15]) nachgefchlagen, auch die Revelationes S. Brigittae, Hildegardis, Elifabethe Schonaugienfis[16]) gelefen, endlich und mit größerem Er-folg des Joh. Andr. Schmidii Prolufiones Marianae[17]) zu Rathe gezogen.

Meiner Erzählung habe ich immer den ausführlichften Bericht zu Grunde gelegt, die Abweichungen der andren Gewährsmänner in den Anmerkungen an-gegeben.

---

1) Im Protevangelium ift z. B. von den fünf Jungfrauen, welche Maria nach ihrer Ver-mählung begleiten, nichts erzählt; Pfeudo-Matthaeus dagegen nennt fie (VIII): Rebecca, Sephora, Sufanna, Abigea und Rael. Hroswitha bezeichet fie als Sephiphora, Zabel, Su-fanna, Rebecca, Abigea; bei Werner von Tegernfee heifsen fie Rachel, Rebecca, Sephora, Abigea, Sufanna.

2) Werner, Gedicht zur Ehre der Jungfrau Maria, hgg. v. M. F. W. Oelter, Nürnb. u. Altdorf 1802.

3) Hgg. v. K. A. Hahn, Frankf. a. M. 1845.

4) Hgg. v. H. Rückert, Quedlinburg u. Lpz. 1853.

5) Hahn, Gedichte des XII. u. XIII. Jahrhunderts. Quedl. u. Lpz. 1840.

6) Diemer, Deutfche Gedichte des XI. u. XII. Jahrhunderts. Wien 1849.

7) Hgg. v. Weigand (Haupt, Ztfchr. f. deutfches Alterthum V.).

8) Hgg. v. W. Grimm (Haupt, Ztfchr. X.).

9) Hgg. v. Fr. Pfeiffer (Haupt, Ztfchr. VIII.).

10) Hgg. v. Ad. v. Keller (Tübinger Univerfitätsfchriften 1849, 1851, 1853, 1855.).

11) Suchenwirths Werke hgg. von Alois Primiffer. Wien 1827.

12) Ed. Th. Graeffe. — Dresdae et Lipsiae 1846. — Auf diefe Legende ift Molanus (hist. SS. Imaginum. lib. II. cap. XXVII.) gar nicht gut zu fprechen. »Tolerat (Ecclesia) Le-gendam auream Jacobi de Voragine, quam alii plumbeam vocant. Hanc enim, ait Melchior Canus, homo scripsit ferrei cordis, plumbei oris, animi certe parum severi et prudentis.“

13) Nicephori Callifti Eccclefiaftica Hiftoria (Par. 1573.).

14) Mariale. Lugd. 1502.

15) Stellarium Corone B. M. V. f. l. c. a.

16) Coloniae Agr. 1628.

17) Helmftadii 1712—19.

VON MARIÄ HERKUNFT UND GEBURT.

(Nach Wernher von Tegernsee.)

Ein jüdifcher Mann (Priefter[1]), aus Nazareth gebürtig[2]), Namens Joachim[3]), (I)* führte ein Gott wohlgefälliges Leben, indem er, fchon von früher Jugend daran gewöhnt, zu Ehren Gottes fang, die heiligen Schriften las und oft faftete. Den dritten Theil feines Einkommens gab er den Armen (II); den Reft theilte er mit der Kirche. Als er zwanzig Jahr alt geworden, und der Bart ihm kaum fproßte, nahm er ein Weib aus Bethlehem[4]), Anna[5]), die Tochter des Fürften Yfafchar[6]). (III) Anna hatte noch eine ebenfalls verheirathete Schwefter Esmeria, die Mutter der Elifabeth, von der Johannes der Täufer ftammte, und des Eliud, des Großvaters vom heiligen Servatius[7])(IV). Zwanzig Jahre waren vergangen, und die Ehe war nicht mit Kindern gefegnet worden (V). Als nun Joachim eines

---

1) Philipp.

2) Sande Marien uater der was hurtic uon nazareth unde hiez ioachim! ir muoter uon bethlehem uñ hiez anna. Predigten aus dem XII. Jahrh. ed. Fr. Pfeiffer. (Haupt, Ztfchr. I. p. 291.)

cf. Passional pag. 5. 68.

Ein reiner man Ioachim	Zuo nazareth in der stat
Der was gesezzen alda	Die geburt bis uf in trat
In deme lande Galylea	Von dauites geslehte.

3) Wernh. v. Teg. pag. 14.

Ioachim chivt ze divte	So wane ich da gescriben si
Praeparatio domini	Dag kivt unsers herren garewunge.

4) Pass. pag. 5. 80.

5) W. v. T. pag. 19.

Anna daz chivt gracia
Michel gnade div was da.

6) W. v. T. pag. 19.

7) Ismariâ. W. v. Rh. 40, 12; Ysmerjâ. ibid. 151. 35. Pass. pag. 145. 59.

Eyn swester hette hysmeria	Die edele vrowe lobesame
Sus was genennet ir name	Elyzabeten gewan.

Joachim autem accepit uxorem nomine Annam, quae habuit sororem Hismeriam. Haec autem Hismeria genuit Elizabeth et Eliud, Elizabeth Johannem baptistam; de Eliud natus est Eminen, de Eminen natus est sanctus Servatius. — Legend aur. CXXXI.

cf. Aegidius: Gesta Pontificum Tungrensium etc. in den Anmerkungen zum St. Servatius. (Haupt, Ztfchr. V.). Hier jedoch Anna's Schwefter Esmeria, ihr Enkel Enim und die Mutter des h. Servatius b. Memelia.

cf. Titurel 2505; 2.

Den engel dir got sende, der elizabeten vor leide
Behutte die war christes werde mume.

* Die eingeklammerten Zahlen beziehen fich auf die betreffenden Abfchnitte des ikonographifchen Theils.

kommen [1]) laſſen. Von der Ankunft ihres Gatten in Kenntniß geſetzt durch den Engel, erwartete Anna denſelben, von dem ganzen Ingeſinde begleitet, auf einem Hügel vor dem Burgthor [2]) (XI) und empfing voll Herzlichkeit den Heimgekehrten [3]). Die Menge zog erfreut Joachim entgegen; der Prieſter Ruben bereute ſeine Uebereilung.

Vierzig Wochen nach der Rückkehr des Joachim gebar Anna eine Tochter, welche ſie Maria [4]) nannten. (Als 80 Tage nach der Geburt verſtrichen waren, wurde das Kind in den Tempel gebracht und eine Turteltaube und ein Lämmlein geopfert.) [5]) (XII).

2.

MARIÄ KINDHEIT UND VERLOBUNG.

(Nach Wernher von Tegernsee.)

Nach drei Jahren wurde das Kind in den Tempel nach Jeruſalem gebracht und dem Dienſte Gottes geweiht. (Das 3jährige Mädchen erſtieg die 15 Stufen, welche zum Tempel hinaufführten, ohne fremde Hülfe.) [6]) (XIII)

Nach Wernher von Tegernſee blieb das Kind jetzt ſchon im Tempel. Nach der Erzählung Philipps jedoch kehrte ſie mit ihren Eltern nach Nazareth zurück und wurde erſt im ſiebenten Jahre für immer in dem Tempel untergebracht [7].

---

1) Die Erzählung des Paſſionals iſt einfacher. Der Dichter erzählt nur die Erſcheinung des Engels bei Joachim, und wie derſelbe Anna befohlen, ihrem Manne entgegen zu gehen.

2) Nach der andren Verſion an der Goldnen Pforte zu Jeruſalem. — Philipp 265—271; Rom. de St. Graal 40—80; porta aurea — Legend. Aur. CXXXI; zur golt porten — Paſſ. pag. 7. 86; Goldine tor — Paſſional pag. 8. 16.

3) Joachim kam drei Tage, nachdem der Engel der h. Anna erſchienen war, zurück. — Walther von Rheinau 13. 33.

4) Rom. de St. Graal. 43. Marie est dite mer amere. — »Sie Iſt genennet Maria, daz chût maris ſtella, daz wort Maria ſprichet rehte, ein meerſterne«. — Predigten d. XII. Jahrh. ed. F. Pfeiffer (Haupt, Ztſchr. I. 291).

Bei Mariä Geburt leuchtete die Sonne doppelt ſo hell, und auch der Mond hatte einen beſonderen Glanz. Walther von Rheinau 17. 51—18. 12.

5) Philipp 393; W. von Rheinau 18. 13.

6) Paſſional pag. 8. 90.   da waren vunfzehn ſtufen
                              an ein treppen geleit.

cf. Philip 425—469; Walther von Rheinau 19. 3. —; Didron Annales archéologiques III. pag. 167.

Completo igitur per triennium ablactationis tempore ad templum Domini Virginem cum oblationibus adduxerunt (Joachim et Anna). Erant autem circa templum juxta quindecim graduum passus, quindecim ascensionis gradus . . . . . In horum itaque novissimo Virgo constituta sine alicujus adjutorio ita conscendit acsi jam aetatis perfectae esset. — Legend. Aur. CXXXI.

7) Phil. 500; W. v. Rh. 20. 1; 20. 22; 21. 26.

Nachdem Maria in die Zahl der Tempeljungfrauen aufgenommen worden war, kehrten die Eltern nach Nazareth zurück, wo Joachim nach kurzer Zeit verstarb. Anna vermählte fich darauf mit Cleophas und nach deffen Tode mit Salome. Von jeden diefer beiden Gemahle hatte fie eine Tochter, welche fie Maria nannte. Ueber die Verwandtfchaft und Nachkommenfchaft der verfchiedenen Kinder Anna's theilt uns Jacobus a Voragine einige Verfe mit:

„Anna solet dici tres concepisse Marias,
Quas genuere viri Joachim, Cleophas, Salomeque.
Has duxere viri Joseph, Alpheus, Zebedaeus.
Prima parit Christum, Jacobum secunda minorem
Et Joseph justum peperit cum Symone Judam,
Tertia majorem Jacobum volueremque Johannem. [1])

Maria aber blieb im Tempel und führte dort ein Gott wohl gefälliges Leben. In der Nacht ftand fie auf, um zu beten, verfäumte nie das Morgengebet und, wenn fie dann bis zum Imbiß gebetet hatte (XIV), dann arbeitete fie mit den übrigen Tempeljungfrauen [2]) bis zur None (XV). (Die Mädchen verlooften die Arbeit; diejenige, welche das befte Loos zog, erhielt die Seidenarbeit und wurde Königin genannt. Maria hatte das Glück, das Königsloos zu ziehen)[3]). Um die Zeit der None ging die Jungfrau wieder zum Altar und betete bis zur Vefper aus ihrem Pfalter, dann fang fie mit den übrigen Mädchen die Vefper und ftärkte fich darauf an dem Himmelsbrod[4]), welches ihr der Erzengel Gabriel täglich brachte; die irdifchen Speifen, welche ihr zuertheilt wurden, verfchenkte fie an die Armen.

Als fie nun herangewachfen [5]), da begehrte ein vornehmer Herr, Abiathar, fie zur Ehe für feinen Sohn [6]) (XVI). Durch ihre Weigerung noch mehr in feinem Vorhaben beftärkt, bot er den Prieftern rothes Gold, wenn fie durch ihren Einfluß Maria beftimmten, feinen Wünfchen nachzugeben. Doch die Jung-

---

1) Josephum justum, qui et Barsabas. — Leg. Aur. CXXXI; cf. Pass. pag. 9. 60—65; pag. 10. 8—15; pag. 10. 16—23; Walther von Rheinau 151. 25—152. 39.

2) 12 Jungfrauen — Philipp 527.

Pass. pag. 9. 32.

Da waren Jungfrowen	Twelen stolen borten
Die zu dem gotes templo	Mit golde an allen orten
Mit arbeiten gehorten do	Worchten si unde neten
Mit sidinen geweten.	

3) Philipp 720—738; W. v. Rh. 31. 16—31. 53.

4) Philipp 775—76.

5) 15 Jahr alt. — Phil. 890. W. v. Rh. 33. 24.

Mit 14 Jahren (Pass. pag. 10. 27.) wurden die Mädchen aus dem Tempel zu ihrer Verheirathung entlaffen. Da fich Maria weigerte den Tempel zu verlaffen, weil fie von ihren Eltern dem Tempeldienft geweiht worden, fo berief der Priefter eine Verfammlung und bat Gott um ein Zeichen, wem fie angehören folle. (Pass. pag. 10. 83. — pag. 11. 75.)

6) Viele Jünglinge bewarben fich um fie. Walther von Rheinau 33. 27.

frau durchfchaute die Intrigue und wies alle Vorftellungen, felbft die des Bifchofs
mit Entfchiedenheit zurück (XVII).

Der Bifchof Abiathar berief darauf an einem Fefttage eine Verfammlung des
Volkes, theilte ihm mit, wie Maria beablichtige ehelos zu bleiben und wie fie
fomit Gottes Gebot verachte, und befahl deßhalb, daß am folgenden Tage alle
unverheiratheten Männer (in dem geslehte iuda. Pass. pag. 11. 95) vor ihm erfcheinen und ihre Stäbe mitbringen follten[1]. Am nächften Tage verfammelte
fich nun eine große Anzahl von ledigen Männern Unter ihnen war auch ein
alter Witwer[2] mit langem, greifen Barte Namens Jofeph[3], der fich nur auf den
Befehl des Priefters mit eingefunden hatte. Alle übergaben dem Bifchof ihre
Stäbe (XVIII); auch Jofeph reichte ihm fein unfcheinbares Reis (feinen dürren
Stab. Paff. pag. 12. 37), das er eben erft von einer Wurzel abgeriffen hatte.
Mit diefen Gerten ging der Bifchof zum Hochaltar (zu der frone tische. — W.
v. T. pag. 79) und betete zu Gott um ein Zeichen. Da erfcholl eine Stimme
vom Himmel, daß Gott den zum Gemahl der Maria auserfehen habe, deffen Stab
grünen und von deffen Stab fich eine Taube zum Himmel auffchwingen werde[4]
(XIX). Als jedoch der Bifchof die Stäbe vertheilte, blieb das Wunder aus. Mit
feinen Prachtgewändern angethan eilte Abiathar wieder zum Altare und betete
zum Herrn um Erfüllung des verheißenen Zeichens (XX). Da fandte ihm Gott
einen Engel, der ihm verkündete, Gott nehme fein Wort nicht zurück; er folle
nur die kleine Gerte, die ihm entfallen, fuchen und fie Jofeph übergeben. Wie
der Herr ihm vorausgefagt, fand der Bifchof, daß er in der Bundeslade (arche,
W. v. T. pag. 84.) wirklich einen Stab vergeffen; er nahm ihn auf und fobald
er ihn dem Jofeph übergab, grünte er und eine Taube ftieg von ihm empor, die
nach einer Weile über den Häuptern der Menge fchwebte und fodann verfchwand[5]. Doch Jofeph weigerte fich wegen feines hohen Alters ein fo junges
Mädchen, wie Maria damals war (14—15 Jahr), zu heirathen[6]. Der Bifchof er-

---

1) Nach Walther von Rheinau nimmt fich ein alter Jude Mariens an (37 52.); es wird
ein dreitägiges Faften geboten, um den Willen Gottes zu erforfchen (38. 33.).

2) unverheirathet, aber keufch von Jugend an. Paff. pag. 12. 24; W. v. Rheinau 41. 9.

3) Jofeph, der Sohn Jacobs, ein Zimmermann. Phil. 1179—1184; ein Bruder des Cleophas
— W. v. Rh. 40. 1—11. ibid. 40. 31. der kunft war er ein zinberman.

4) Eine Taube fich niederlaffen werde. Paff. pag. 12. 11; der heilige Geift in Geftalt einer
Taube. Legenda Aur. CXXXI; Phil. 1110—1129; W. v. Rh. 39. 3—16.

5) Nach Philipp ift Jofeph gar nicht erfchienen, fondern wird erft herbeigeholt, worauf
fogleich fein Stab blüht. — 1233—1271.
cf. Konrad von Fufsesbrunn pag. 68. 76.

    Daz iosep der gute man.

    Unser fröwen gewan.

    Mit lozze als die schrift saget.

6) Davon nichts im Paffional.

mahnte ihn zwar, (ich nicht Gottes Willen zu widerfetzen, und erinnerte ihn an das Beifpiel des Dathan und Abyron (W. v. T. pag. 88.); allein Jofeph beftand darauf, Maria folle lieber einen feiner beiden Söhne heirathen; er wolle ihr die Ausfteuer geben. Endlich gab er nach [1]), und nun ließ der Bifchof Maria herbeiholen und eröffnete ihr Gottes Befehl. Mit fchwerem Herzen und vielen Thränen ergab fie fich in Gottes Fügung [2]), da fie ja felbft das Wunder mit angefehen, doch wollte fie ihr Magdthum bewahren [3]). Nachdem fo beide eingewilligt, erfolgte die Vermählung (XXI). Als „gemahel fchatz" (W. v. T. 95.) erhielt Maria von Jofeph einen goldnen Ring.

Als letzte Gunft bat fie den Priefter, ihr einige von ihren Gefpielinnen nach ihrer neuen Heimath mitzugeben. Es wurden ihr darauf fünf Mädchen ausgewählt: Rachel, Rebecca, Sephora, Abigea, Sufanna [4]) (XXII. XXIII. XXIV. XXV).

Von diefen Mädchen begleitet zogen Jofeph und Maria nun nach Nazareth [5]). Bald nach ihrer Ankunft erfchienen Boten von zwei Fürften aus Capernaum, (Cafarnaum chivt ze divte Villa speciosa) deren Schiffe gefcheitert, und baten mit ihnen zu gehen, dort den Schaden auszubeffern. Jofeph empfahl feine junge Gattin den Jungfrauen und reifte ab [6]).

(Nach einer andern Verfion ging Jofeph gleich nach der Vermählung nach Bethlehem, um fein Haus erft zum Empfange der jungen Frau herzurichten. Maria mit ihren Gefpielinnen blieb während diefer Zeit in Nazareth bei ihrer Mutter [7]).

---

1) Durch einen Engel beftimmt. — Phil. 1319; W. v. Rh. 44. 16.
2) Auch Marien erfcheint ein Engel. W. v. Rh. 46. 17.
3) Philipp 1388.
4) 7 Jungfrauen — Paff. pag. 12. 95; Philipp 1528; Walther von Rheinau 47. 23; Legend. Aur. CXXXI. — 3 Jungfrauen — Konrad von Fufesbrunn pag. 69. 21.
5) Wernher von Tegernfee pag. 107.
       Ein burch heizet nazareth
       In einer gegende ftet
       Diu genant ift galilea.
„Nazareth interpretatur flos." Legend. Aur. LI. cf. Alberti Magni Biblia B. Virginis Mariae (Col. Agripp. MDCXXV) pag. 180.
6) Konrad von Fufesbrunn pag. 69. 35.
7) Paff. pag. 12. 90. Jofeph geht
    In sin hus zuo bethlehem | E er die jungfrowen dar
    Vf daz er iz bereite gar | Brehte in sine huote.
cf. ibid. pag. 13. 1.
Legend. Aur. CXXXI. Desponsata igitur virgine Jofeph ipse quidem in suam civitatem Bethlehem recedit, domum suam dispositurus et nuptiis necessaria provissurus. —
Nach Philipps Erzählung wurden Jofeph und Maria nur verlobt. In drei Monaten follte die Hochzeit gefeiert werden. Jofeph ging deshalb nach Bethlehem, um alles vorzubereiten (1494—1513). Später wird auch der Cenfus gar nicht als Grund angeführt, weshalb Jofeph nach Bethlehem zog: er kehrte nur nach feiner Behaufung zurück. cf. Walther von Rheinau 46. 53. — 47. 17.

3

MARIÄ VERKÜNDIGUNG. CHRISTI GEBURT UND DIE WUNDER, DIE DABEI GESCHEHEN SIND.

(Nach Wernher von Tegernsee.)

Da während der Abwefenheit Jofephs Maria und ihre Gefpielinnen ohne Be-
fchäftigung waren, fo fandten die Priefter von Jerufalem ihnen Purpur und Seide,
um damit Löwen und Drachen, Männer und Vögel und große Meerwunder zu
fticken. Außerdem hatten fie noch Flachs, der gefponnen werden follte, mit-
gefchickt. Bei der Verloofung der Arbeiten fielen natürlich die feinen Seiden-
arbeiten der h. Jungfrau zu, während fich ihre Gefpielinnen mit der befchwer-
lichen Spinnerei begnügen mußten. Kaum jedoch hatten diefelben mit Schelten
Marien ihren Unmuth entgelten laffen, fo erfchien ein Engel und verkündete den
Erfchreckten, Maria fei die Kaiferin; ihr Schmuck werde von ihnen vorbereitet.
Reumüthig fielen die Mädchen ihr zu Füßen [1]).

Maria aber ging aus der Kemenate über den Hof nach dem Brunnen, um
fich die Hände zu wafchen. Da erfchien ihr ein Engel und verkündete ihr,
(XXVI) von ihr werde ein Licht ausgehen, das alle Welt erleuchten, die Sünder
erlöfen und dem Teufel entreißen werde. Während fie noch laufchte und gern
noch mehr hören wollte, verfchwand die Erfcheinung [2]).

In ihre Kemenate zurückgekehrt, nahm fie ihre Seidenfpinnerei wieder auf;
bei ihr fitzen die Freundinnen mit der rauhen Wolle befchäftigt. Da tritt der
Engel Gabriel zu ihr [3]), fo glänzend und blendend, daß fie die Hand vor die
Augen halten muß und die Arbeit ihr entgleitet. Gabriel bringt ihr den englifchen Gruß, daß fie einen Sohn gebären werde „Er wird genant emanuel Vnd
ist der heiland israhel." (W. v. T. pag. 110. [4]) Maria wunderte fich, wie fie, die
reine Jungfrau, einen Sohn gebären follte. Doch als der Engel ihr verkündigte,
der heilige Geift werde fie befchatten, da ergab fie fich in Gottes Willen, und

---

1) Weder das Paffional noch die Legenda Aurea kennen diefe Erzählung; fie fcheint mit
der pag. 19 citirten aus Philipp eines Urfprungs zu fein.

2) Diefelbe Erfcheinung hatte nach Philipp die Jungfrau bei einem Spaziergang in der
Nähe Nazareths an einem Brunnen — 1544—1615; W. v Rh. 47. 46. An einem Brunnen
beim Wafferholen — K. v. Fufsesbrunn pag. 69. 49.

3) Drei Tage nach der erften Erfcheinung — Philipp 1616; am folgenden Tage — Konr.
v. Fufsesbr. pag. 69. 58.
Sie lieft grade im Pfalter und zwar den Pfalm, der da beginnt „benedixi", und ift grade
gekommen bis zu den Worten „Audiam quid loquatur in me dominus deus meus." Walther
von Rheinau 51. 5—10.

4) Paff. pag. 14. 42.   Des nam ihefus sal wesen.
Ihefus quit ein heilant.

der Engel fprach fein Amen. (XXVI. XXVII. XXVIII. XXIX) „Von des gloubens famen Wart fie zehante fwanger." (W. v. T. pag. 112.) Als Zeichen, dafs die Verkündigung eintreffen werde, fagte ihr Gabriel, daß ihre Verwandte (Niftel) Elifabeth[1]) bereits im dritten Monat fchwanger fei[2]).

Als nun der Engel verfchwunden war, da machte fich Maria auf den Weg zu ihres Bafe Elifabeth[3]), und obgleich des Weg über die Berge auf fteinharten Straßen hinführte, fo merkte fie doch keine Befchwerde[4]). Freudig umfingen fich die beiden Frauen, theilten fich ihre wunderbaren Gefchicke mit, und Elifabeth, vom heiligen Geift erleuchtet, erkannte in Maria die Mutter des kommenden Heilands und prophezeite von Chrifti Herrlichkeit[5]). Das Kind hüpfte im Leibe der Elifabeth vor Freude dem Chriftuskinde fo nahe zu ftehen (XXX).

(Maria blieb nun drei Monate bei ihrer Bafe, ftand ihr bei der Entbindung bei und ließ dem kleinen Johannes die erfte Pflege angedeihen[6]).

Jofeph hatte inzwifchen in Capernaum feine Gefchäfte beendet, hatte Schülern gelehrt „notvefte Kiele" zu bauen und kehrte jetzt nach einer Abwefenheit von „dri manot und ein halbez iar"[7]) zu feiner Gattin zurück, deren Zuftand er auf der Stelle bemerkte. Trotz der Verficherung der Mägde und des Gefindes, dafs nie ein Mann das Haus betreten hätte, Maria auch nie über die Straße gegangen wäre, um außer dem Haufe jemanden zu empfangen, war Jofeph untröftlich und behauptete, da er die Frau nicht berührt habe, fei fie ihm fchwanger übergeben worden; wenn er nur fterben könnte, daß die Leute feine Schmach nicht fähen, dann wollte er zufrieden fein. Auf den Einwand der Mädchen, daß höchftens der Engel an allem Unglück Schuld haben könnte

1) Pass. pag 15. 64.   es waren zweier swestere Kint.

2) Pass. pap. 15. 15. — Philipp 1730. — Maria erfährt die Schwangerfchaft der Elifabeth von Andren — K. v. Fufs. pag. 70. 68.

3) Begleitet von drei Mägden — Phil. 1740; W. v. Rh. 53. 13.

4) Wernher vom Niederrhein's (ed. W. Grimm. Göttingen 1839). Veronica pag. 20. 8. Vnde von dem Wege den si zu ir nichtin gine Dat was kume ein halvi mile.

5) Pass. pag. 15. 65.

6) Mansit ergo virgo beata cum cognata sua tribus mensibus ministrans ei natumque puerum suis sanctis manibus de terra levavit, ut habetur in hystoria scholastica et quasi morem gerulae officiosissime peregit. — Legend. Aur. LXXXVI. cf. Suchenwirt (7 freuden) 299.

    Biz daz dein mům den sun gewan | Den hůb du von der erde
    Der seid genennet ward Johan | Mit deinen henden werde.
Maria blieb dreissig Tage bei Elifabeth. — Philipp 1793.

7) Wernher von Tegernfee pag. 133; K. von Fufs. p. 71. 53.   cf. Philipp 1798.
    Dô diu zît ein Ende nam
    Des vierden mânôds.

Nach Suchenwirt (7 freuden) 314, war Jofeph während diefer Zeit auf einer Wallfahrt.
    Josep der dich gemehelt hat | Gegang mit triten herten
    Die wtzeit as in pet verten | Und was chomen wider haim.

da er der einzige geweſen, der mit Maria verkehrt hätte, will Joſeph gar nicht hören [1]).

Er beſchloß vielmehr in derſelben Nacht noch fortzuziehen [2]) und wollte nur das Aufgehen des Mondes erwarten, um im Dunkel der Nacht den Weg nicht zu verlieren. Ermüdet legte er ſich einſtweilen aufs Bett, und entſchlummerte. Im Traum erſchien ihm ein Engel [3]), der ihn beruhigte und ihm mittheilte, das Kind käme vom heiligen Geiſte. „Jesus wirt es genant Daz kivt ein heilant." (W. v. T. pag. 141) (XXXI) Joſeph iſt über dieſe Botſchaft hocherfreut und bittet Marien ſein Mißtrauen ab [4]) (XXXII).

Doch das Gerücht von Mariens Schwangerſchaft hatte ſich mittlerweile in der Stadt verbreitet, und einige Juden klagten ſie beim Prieſter des Ehebruchs an. Joſeph und Maria wurden vor ein Concil gefordert [5]) und ſollten nach Moſes Geſetz geſteinigt werden; Joſeph, weil er den Fehltritt ſeiner Gattin nicht angezeigt hatte. Dies Urtheil jedoch wurde dahin gemildert, daß man ihnen einen geſegneten Trank reichte, der dem Schuldigen Gift, dem Unſchuldigen dagegen ungefährlich war. Beide beſtanden glücklich die Probe und wurden deshalb freigeſprochen und entlaſſen [6]).

Um dieſe Zeit wollte Kaiſer Auguſtus [7]) einen Zins erheben, und der Landgraf Cyrin von Syrien ließ deshalb die Hausherren aufſchreiben und alle zur Steuer heranziehen. Es herrſchte in dieſer Zeit ein tiefer Friede; die Schmiede zerſchlugen die Schwerter, Spieße und Speere und verarbeiteten das Eiſen zu Ackergeräth; die drei Pfennige, mit denen damals jeder bei der Steuer ſich löſte, waren eine Vorbedeutung auf die drei Namen, welche uns dereinſt alle erlöſen ſollen. — Auch Joſeph, deſſen „chunne und magen" von Bethlehem abſtammten, machte ſich auf den Weg nach ſeinem Geburtsorte, weil der Cenſus nach Familien und Geſchlechtern vorgenommen wurde [9]). Auf der Reiſe nach Bethle-

1) Konra1 von Fufsesbrunn läfst Joſeph ſehr naiv antworten
'Sich hat etwer angezogen, | Der vns schande vnde schamen,
Engels bilde vnde namen, | Gefrumet mit ſinen listen hat.

2) Joſeph will Maria ihren Eltern zurück ſchicken und ſelbſt in fremde Lande ziehen. — Suchenwirt (7 freuden) 328.

3) Der heilige Geiſt bringt Joſeph auf beſſere Gedanken; der Engel beſtärkt ihn nur darin. — Phil. 1898; W. v. Rh. 56, 18; Konr. v. Fufs. pag. 736; Suchenwirt 332—345.

4) Da Joſeph befürchtete in Bethlehem verſpottet zu werden, wenn er ſogleich Marien heimführte, ſo hat er ihre Eltern, ſie möchten ſie noch bei ſich behalten, vermiethete darauf ſein Haus in Bethlehem und kaufte ſich ein andres in Nazareth. — Walther von Rheinau 56. 48.

5) Durch den Biſchof Abiathar. — K v. Fufsesbr. pag. 73. 43.

6) cf. Konrad von Fufsesbrunn pag. 73. 29—pag. 75. 33.

7) Octavianus. — Pass. pag. 17. 30

8) Haec autem descriptio primo facta est a praeside Syriae Cirino. — Legend. Aur. VI.

9) Joſeph geht nach Bethlehem, da er dort geboren iſt und vor ſeiner Heirath dort

hem hatte Maria eine merkwürdige Erfcheinung; fie fah zwei Schaaren zu Seiten des Weges ftehen, die eine händeringend, mit Ketten belaftet, die andere weiß-gekleidet, freudevoll. Jofeph hatte nichts bemerkt und konnte ihr daher über die Bedeutung diefer Erfcheinung keine Auskunft geben. Da gefellte fich unter Geftalt eines unbärtigen Jünglings ein Engel Gottes zu ihnen, (XXXIII) der die Erfcheinung auf die von Gott abgefallenen und deshalb verftoßenen Juden und die Gott Getreuen deutete [1]. Inzwifchen war die Nacht hereingebrochen und Beth-lehem war noch weit. Deshalb rieth Jofeph auf dem Felde zu übernachten; doch Maria, welche merkte, daß ihre Stunde nicht mehr fern war, beftand dar-auf Bethlehem noch zu erreichen, denn der Chrift müßte in der Stadt Davids geboren werden. Deshalb verfchmähte fie jede Raft, bis fie endlich gegen Mit-ternacht in der Stadt anlangten [2]). Weiter aber konnte fie nicht mehr. Eine Felshöhle an der Straße wurde als Nachtquartier auserfehen, wie folches fchon vom Propheten vorausgefagt worden war. Bei ihrem Eintreten ftrahlte ein helles Licht in der dunklen Höhle [3]); doch da jetzt Gefahr im Verzuge war, fo fendete Maria Jofeph eilends aus, um Hebammen herbeizuholen. Er fand deren zwei, Rachel und Salome [4]); ehe er aber noch mit ihnen zur Höhle zurückgekehrt war, hatte Maria bereits, wie fie ohne Sünde empfangen hatte, fo jetzt ohne Schmerz geboren [5]). Als Jofeph mit den Ammen eintrat, leuchtete ihm ein heller Glanz entgegen. Maria küßte ihr Kind und ließ es von den Ammen baden und wickeln. Als jedoch die Ammen Maria berühren wollten, fielen fie erbleicht wie todt nieder und erklärten, es fei dies ein Zeichen, daß eine Jung-

---

gewohnt hat. Er nimmt Maria mit, weil er glaubt, keiner könne fie fo gut pflegen als er felbft.

Auf der Reife reitet Maria auf einem Efel; Jofeph treibt noch ein Rind mit nach Beth-lehem, um es dort zu verkaufen und für fich und Maria die Kopffteuer zu erlegen, denn »gutes war er ein armer man.« Pass. pag. 17. 86—pag. 18. 90. cf. W. v. Rh. 58. 10; Konr. von Fufsesbr. pag. 75. 63; Legend. Aur. VI.

1) cf. Pass. pag. 18. 32; Konr. v. Fufs. pag. 75. 70; Legend. Aur. VI.

2) Sie kommen bei Tage in Bethlehem an; in der Nacht vom Sonnabend zum Sonntag wird das Kind geboren. Pass. pag. 19. 3; cf. Legend. Aur. VI. nocte media diei dominicae.

3) Anders das Passional pag. 18. 68.

So fit er dort ften ein dach | Nicht vil wende was da uor
Zwifchen zwein hufern enpor | Wande als die hus dran giengen
Vnd es dach vndervingen.

Leg Aur. VI. in communi transitu, qui (ut dicitur in hystoriis Scholasticis) erat inter duas domos operimentum habens, qui deversorium dicitur.

Cf. Walther von Rheinau 58. 24—42. Ein weifsgekleideter Heiliger in Geftalt eines Kin-des erfcheint Maria und Jofeph, als fie in Bethlehem anlangen, und zwingt fie, indem er fich vor den Efel ftellt, in ein Häuschen am Wege einzukehren.

4) Phil. 1984; K. v. Fufs. pag. 76. 14; Jofeph beforgt „betwate genuch" ibid. pag. 76, 20.

5) Salomê, Rachê — Phil. 2160; Salome unde zeloni — K. v F. pag. 76. 38; Legend Aur. VI. obstretices vocavit quarum una vocabatur Zebel et altera Salome.

frau geboren, wie ihnen fchon voraus gefagt worden [2]). Das Kind wurde darauf in die Krippe gebettet [3]); Efel und Rind fielen auf das Knie [4]) nieder und verehrten den Gottesfohn. Maria küßte das Kind, legte es an ihre Bruft, und die Engel kamen und dienten ihm (XXXIV).

In der Nacht der Geburt waren arme Leute auf dem Felde. Plötzlich erfchien ihnen in großer Klarheit ein Engel und verkündete ihnen, der Heiland fei geboren worden und liege in Bethlehem in eine Krippe gebettet; bei ihm fei die reine jungfräuliche Mutter. Darauf ftieg er wieder zum Himmel empor und die himmlifchen Heerfchaaren fangen: „gloria in excelsis deo". Die Hirten aber gingen dem Befehl gehorfam nach Bethlehem, verehrten den Heiland und die Mutter und kehrten fodann zu ihren Heerden zurück. [5])

Bei der Geburt des Heilands gefchahen fieben Wunder:

Um die Sonne erfchien ein roth und goldiger Ring, bedeutend den grofsen König, der über alle Welt herrfchen follte. [6])

In Rom floß ein Ölbach aus einem Kiefelftein. (Die Barmherzigkeit.) [7])

In Rom ftand eine Bildfäule des Heidengottes Mars, der im Kriege gebot; diefe follte zufammenftürzen, fobald eine Magd ohne Zuthun eines Mannes einen

---

1) Pass. pag. 19. 12, Engel dienen Maria als Hebammen. — W. v. Rh. 58. 59. cf. K. v. F. pag. 76. 50. — Nach Sannazar (de partu beatae Mariae Virginis, lib II) ift Jofeph erft eingefchlafen und wird durch das Kindergefchrei aufgeweckt. —

2) Philipp 2104—2187; Zeloni hat Marien genau unterfucht und als Magd befunden; als nun Salome zweifelnd fich auch von der Wahrheit diefer Ausfage überzeugen will, verdorrt ihre Hand. Konr. v. Fufesbr. pag. 77. 4—70. Ein Engel läfst fie genefen. — ibid pag. 78. 25 (XXXIV a).

3) Suchenwirt 403.   Daz chint wart tzu der stunden
                        Mit tüchlein umbewunden
                        Und geleget in ein chripp.

cf. Philipp 2094. W. v. Rh. 59. 34. — cf. Legend. Aur. VI. In praesepium super foenum reclinavit (b. Virgo filium suum), quod foenum, ut habetur in historiis Scholasticis, beata Helena postmodum Romam detulit, a cujus foeni comestione bos et asinus abstinebant.

4) Walther von Rheinau 59. 39—53; K. v. Fufsesbr. pag. 80. 23.

5) Pass. pag. 19. 81.—20. 60; Philipp 2188—2231; Walther v. Rheinau 61. 32; Legend. Aur. VI; Konr. v. Fufsesbrunn pag. 78. 61.—79. 37. Es kommen noch viele Andre das Kind zu fehen und die Höhle wird bald zu eng. — Konr. v. Fufsesbrunn pag. 79. 38. Maria läfst ihr Bett vor die Höhle tragen, fo dafs die Menge fie fehen kann. So bleibt fie bis an den fiebenten Tag. K. v. F. p. 80. 44.

6) Vom leben Jesu. pag. 233. 19. sie sahen ze rome ein rinch gen umbe den sunnen, uz einem hus floz ein ole brunne. — cf. Philipp 2360—70; drei Sonnen, welche fich fpäter vereinigen — Pass. pag. 21. 46—55; W. v. Rh. 65. 31; 3 Sonnen und 3 Monde — Philipp 2416—30; 3 Sonnen — Walther von Rheinau. 65. 22.

7) Philipp 2248—2257; vom leben Jesu. pag. 2333. 21; „ut attestatur Orosius et Innocentius papa tertius." Legend. Aur. VI. Das Paffional erzählt, die Sibylle habe vorausgefagt, dafs, wenn ein Oelbrunnen fliefse, dann der Heiland geboren fein werde. In der heiligen Nacht begann ein Oelftrom aus einem Wafferbrunnen zu fliefsen und flofs den ganzen Tag hindurch. pag. 21. 32—45; Walther von Rheinau 63. 10.

Knaben (degenkint — W. v. T. p. 191) gebäre. Obfchon die Römer von der Unmöglichkeit diefes Falles überzeugt waren, ftützten fie trotzdem die Bildfäule; in der Nacht jedoch, als Chriftus geboren wurde, ftürzte fie mit Krachen zufammen. Gott wollte zeigen, daß er allein Gott fei. [1])

Das vierte Wunder war der allgemeine Frieden „diu michel unanimitas" (pag. 193), welcher zu diefer Zeit herrfchte. — Chriftus ift der wahre Frieden für den, der Gnade vor ihm gefunden.

Auguftus lag in der Chriftnacht in feinem Zelte und freute fich der vielen Reiche, die ihm unterthan waren. Er befchloß, die fämmtlichen Gefangenen loszulaffen. — So werden durch Chriftus die Gefangenen aus der Hölle befreit.

Auguftus befahl, daß alle, die ihren Herren entlaufen waren, zurückkehren follten; die nicht gehorchten, follten getödtet werden. So werden 30000 enthauptet. — Ebenfo wird Gott die verderben, die gegen ihn ftreiten, und wer hier verfchmäht, fein Wort zu hören, der wird es dereinft bereuen.

Endlich erfchien ein Stern [2]) am Himmel, bezeichnend den von der Magd geborenen König, der im Lichte erfcheint, wie er einft im ewigen Lichte aus nichts die Welt erfchaffen. [3])

Der Stern leuchtete vom Tage der Geburt an.

Am achten Tage nach der Geburt wurde der neu geborene Heiland, der kein Gefetz auf Erden verachten wollte, befchnitten und Jefus genannt, wie der Engel befohlen hatte. [4])   (XXXVI.)

---

1) Das Paffional erzählt dies Wunder von einem Tempel pag. 20. 60. — 21. 31; Philipp nennt denfelben ein templum pacis „ein vridehûs", 2308—2360; Jacobus a Voragine verfichert, nach Innocenz III. fei die Kirche Sta. Maria Novella auf der Stelle jenes Tempels erbaut. — Leg. Aur. VI. cf. W. v. Rh. 65. 7.

2) Phil. 2241; Walther von Rheinau 61. 14.

3) Noch mehrere Wunder werden von andren Schriftftellern überliefert.

Octavian fragte die Sibylle, ob noch einer auf Erden geboren werden würde, der mächtiger wäre als er. Am Sonntage, als Chriftus geboren ward, fah gegen die None die Sibylle eine Erfcheinung: eine Jungfrau im Schoofse ein Kind von vielem Licht umgeben am Himmel fichtbar werden. Sie rief den Kaifer herbei und eine Stimme erfcholl
„hec est ara celi
„des hiemels alter ift daz."
Der Kaifer opferte darauf der Erfcheinung Weihrauch — Pass. pag. 21. 56.—22. 60. (XXXV)

Die Kammer, in der Octavian die Erfcheinung hatte, wurde fpäter der heiligen Jungfrau unter dem Namen Sta. Maria Ara Celi (auf dem Capitol) geweiht. Legend. Aur. VI.; Phil. 2258—2307; W. v. Rh. 63. 12.—63. 37.

Ferner erzählt die Legenda Aurea (VI): „in eadem vero nocte (ut Bartholamaeus in sua compilatione refert) vineae Engadi, quae proferunt balsamum floruerunt, fructum protulerunt et liquorem dederunt."

Honig fiel aus der Luft — Phil. 2370. W. v. Rh. 63. 66; die Gewäffer blieben drittehalb Stunden ftill ftehen — Phil. 2378. W. v. Rheinau 64. 56.

4) Paffional pag. 22. 76; Philipp 2430; Walther von Rheinau 68. 25; Konrad von Fufsesbrunn pag. 80. 51; vorher ift fchon Jofeph mit Maria in ein Haus gezogen — Philipp 2232; am dritten Tage ziehen fie aus — Walther von Rheinau 67. 51.

DIE HEILIGEN DREI KÖNIGE UND DIE FLUCHT NACH AEGYPTEN.

(Nach Wernher von Tegernfee. Philipp. Konrad von Fufsesbrunn. Walther von Rheinau, dem Paffional. Suchenwirt. Jacobus a Voragine.)

In Chaldäa lebten um diefe Zeit drei Könige, Cafpar, Balthafar, Melchior,[1] welche bei einer Zufammenkunft den wunderbaren Stern[2] erfchauten (XXXVII) und darauf den Schwur leifteten, demfelben zu folgen, wohin er fie führen würde. Auf fchnellen Rollen (Dromedaren)[3] eilten fie nach Jerufalem (XXXVIII), wo fie dem König Herodes ihren Befuch abftatteten und ihm die wunderbare Erfcheinung des Sterns und der Geburt des großen Königs mittheilten (XXXIX). Herodes bat fie, es ihm wiffen zu laffen, fobald fie das Kind gefunden, damit auch er ihm feine Ehrfurcht bezeugen könne. Im Grunde fürchtete er in dem neugebornen König einen Thronprätendenten, zumal da die Schriftgelehrten verficherten, das Kind fei aus dem Stamme David und in Bethlehem geboren.

Unterdeffen waren die Könige in Bethlehem angelangt und waren durch den Leitftern in die Behaufung Jofephs geführt worden. So am Ziel ihrer Reife

---

1) Paff. pag. 24. 6; pag. 25. 78. Cafpar. Baltafar. Melchior. Suchenwirt 561.

Von Arabei fo war Kaspar
Darnach von Saba Baltasar
Melchior was von Tarsis.

„Nato enim domino tres magi Jerosolimam venerunt, quorum nomina in Hebraeo (?) sunt Appellius, Amerius, Damascus, Graece Galgalat, Malgalat, Sarithin, latine Caspar, Balthasar, Melchior. — Legenda Aurea XIV.

Wunder gefchahen bei den h. drei Königen:

Dem erften brütete ein Straufs ein Ei aus, aus dem ein Lamm und ein Löwe hervorgingen.

Dem zweiten wuchs auf einem Weinfafs eine Blume, fchöner als die Rofe. Aus der Frucht, welche fich aus derfelben entwickelte, entfprang eine Taube, welche die Geburt Chrifti verkündete.

Dem dritten wurde ein Kind geboren, das von der Geburt und dem Tode Jefu weiffagt und nach 33 Tagen, wie es vorausgefagt, ftirbt. (Walther von Rheinau 65. 37. — 66. 64.)

2) Er erfchien erft, als Jefus bereits 2 Jahr alt war. K. v. F. pag. 81. 84.

3) Paff. pag. 24. 61. — Cf. Legend Aur. XIV. Die heiligen 3 Könige find aus Perfien, von Nation Chaldäer. Nach Chryfoftomus (in originali super Matthaeum) wählten diefelben aus ihrer Mitte inspectores secretorum, welche jährlich einmal auf den Siegesberg (mons victorialis) ftiegen und drei Tage dort verweilten, Gott bittend, die Weifagung der Balaam: oritur stella ex Jacob et exurget homo ex Israel zu erfüllen. Am Tage der Geburt des Heilands erfchien ihnen ein Stern in Geftalt eines fchönen Knaben, über deffen Haupte ein Kreuz erglänzte. Diefer rief ihnen zu: „Gehet eilends ins Land von Juda; dort findet ihr den König den ihr fuchet." Und fie machten fich fogleich auf und kamen in 13 Tagen nach Jerufalem. Nach Remigius hatte fie Chrifti Macht fo fchnell befördert; nach Jeremias dankten fie es der Schnelligkeit ihrer Dromedare (dromedarius dicitur a dromos, quod est cursus et ares quod est virtus).

angelangt, brachten fie dem Kinde ihre Verehrung dar und überreichten ihm als Gefchenke Gold, Weihrauch und Myrrhen [1]), die Symbole der Königs- und Priefterwürde, fowie des Todes [2]) (XL). Auch die Eltern gingen nicht leer aus. Maria erhielt von den Königen Gold, Silber und Seidenftoffe, Jofeph dagegen beim Abfchiede Gold, Silber und Edelfteine [3]) (XLI).

Ehe jedoch die heiligen 3 Könige zur Rückkehr aufbrachen, erfchien ihnen ein Engel, der fie ermahnte, einen andren Weg, als den bisher befolgten, einzufchlagen [4]) und nicht mehr Herodes in Jerufalem Rede zu ftehen (XLII). Am folgenden Tage verabfchiedeten fie fich, küßten noch einmal die Wiege Chrifti und kehrten fodann auf einem Umwege in ihre Heimath zurück. [5])

Nach fechs Wochen (40 Tagen) [6]) brachte Jofeph Maria und das Kind von Bethlehem nach Jerufalem [7]) und es erfolgte die Darftellung im Tempel, bei welcher Gelegenheit Chrifti Eltern das Opfer des Armen, zwei Turteltauben, dem Herrn darbrachten [8]) (XLIII).

Jacobus a Voragine knüpfte hieran die nicht ganz unberechtigte Reflexion [9]), was der Grund gewefen, daß Maria nicht das Opfer der Reichen darbrachte, zumal da fie doch erft vor wenigen Tagen von den heiligen 3 Königen Gold empfangen hatte. Er entfcheidet fich fchließlich für folgende Gründe: entweder ift das Gefchenk bedeutend gewefen, wie St. Bernhard annimmt, da fo große Könige dem Erlöfer nicht unbedeutende Gefchenke gemacht haben können, — dann hat Maria das Geld entweder den Armen gegeben, oder zu der Reife nach Ägypten aufgefpart; — oder das Gefchenk an fich war nur fymbolifch und deshalb von geringem Werthe.

Nachdem im Tempel die Glückwünfche und Weisfagungen Simeons [10]) und Anna's hingenommen worden waren, zog Jofeph mit Maria und dem Kinde nach

---

1) Paff. pag. 26. 27.

2) Konr. von Fufsesbr. pag. 82. 13.

3) Phllipp 2595—2600; Walther von Rheinau 69. 46—54.

4) Konr. v. Fufsesbrunn pag. 82. 33.

5) Nach der Sage waren es Schiffe von Tarfus, welche fie zurückbeförderten. Herodes liefs deshalb bei feiner Reife nach Rom der Tarfenfer Schiffe verbrennen und erfüllte fo das Wort des Propheten: „in spiritu vehementi conteres naves Tarsensium". — Leg. Aur. X.

6) Konr. v. Fufs. pag. 80. 11.

7) Vom leben Jesu. pag. 236. uierzech Tage unde naht, iosep ir mit triuwen phlach, do fürt er si vone bethlehem in die burch ze ierusalem. cf. Philipp 2668. — Legend. Aur. XXXVII.

8) Paff. pag. 26. 76; Philipp 2678; Legend. Aur. XXXVII par turturum; Walther von Rheinau 70. 18 und ophreten zwuo turtures.

9) Legend. Aur. XXXVII.

10) Vom leben Jesu. pag. 237. 8. Symeon iz neimen ne hal. er sprach zu der magde häre. daz durch ir seele. ein swert scolte gen da mait ir die gotes martyr ane versten. cf. Paff. pag. 27. 27; Philipp 2680; W. v. Rh. 70. 20.

Nazareth zurück [1]). Der König Herodes Askalonita war alfo von den heiligen drei Königen getäufcht worden. Zu dem dadurch veranlaßten Ärger kam noch häuslicher Kummer. Grade zu der Zeit, als die h. Könige nach Jerufalem kamen, war es zwifchen ihm und feinen beiden Söhnen Ariftobulus und Alexander zum offenen Bruch gekommen [2]). Der folgende Aufftand hatte fchon die Exiftenz feines Thrones in Frage geftellt. Wie groß mußte daher der Schrecken des Königs fein, als er von der Geburt eines Judenkönigs hörte! Die Schriftgelehrten brachten die geheiligten Namen Bethlehem und David mit dem Kinde in Verbindung, bezogen alte Weisfagungen auf dies wunderbare Ereigniß, und fo konnte in der That dem Herodes eine neue Gefahr bereitet werden, wenn er nicht eilends Maßregeln ergriff, den etwaigen Kronprätendenten zu befeitigen. Durch das Ausbleiben der h. 3 Könige war er zuerft in der Hoffnung beftärkt worden, die Nachricht fei falfch; doch die Ereigniffe bei der Geburt und der Darbringung im Tempel raubten ihm bald wieder diefe Hoffnung, und fo befchloß er denn durch ein Maffacre, das alle Kinder Bethlehems treffen follte, auch das gefürchtete Königskind unfchädlich zu machen [3]). Doch konnte diefer Befchluß nicht fofort ins Werk gefetzt werden, da inzwifchen Alexander und Ariftobulus ihren Vater in Rom verklagt hatten und diefe Klage die Anwefenheit des Herodes dafelbft erheifchte. So war ein ganzes Jahr verftrichen, [4]) ehe er an fein blutiges Vorhaben wieder denken konnte. Der Streit mit feinen Söhnen war übrigens zu feinen Gunften von Auguftus entfchieden worden, und fo erließ er denn jetzt (XLIV, den Blutbefehl, alle Kinder von zwei Jahren und darunter (a bimatu et infra) zu tödten, da er glaubte, das nunmehr einjährige Kind könnte im Wachsthum vielleicht etwas zurückgeblieben oder fortgefchritten fein. Chryfoftomus dagegen erzählt, der Stern fei fchon bei Chrifti Empfängniß ein Jahr vor der Geburt erfchienen und deshalb und wegen obberührter Gründe habe Herodes alle Kinder vom zweiten bis fünften Jahre ermorden laffen. Für diefe Annahme fprächen auch die als Reliquien verehrten Gebeine der unfchuldigen Kindlein, von denen manche wohl für ein zweijähriges Kind zu groß erfchienen. Nach Macrobius foll auch ein kleiner Sohn des Herodes, der mit feiner Amme in Bethlehem war, bei dem Blutbade, das fich nach Wernher von Tegernfee auch auf die Umgegend erftreckte, umgekommen fein (XLV). Hero-

---

1) V. l. J. pag. 237. 13. dannen si cherten in die burch ze nazaret. cf. Philipp 2724.

2) Die folgende Erzählung bafirt auf Cap. X der Legenda aurea. — cf. dazu Paff. pag. 4285—pag. 46. 56.

3) Ascalonita necat pueros, Antipa Johannem, Agrippa Jacobum, claudens in Carcere Petrum. (Leg. Aur. X.)

4) Vom leben Jesu. pag. 237. 22. do stunt iz unlange. ê heRode wart geuangen. in den romisken landen. zuei iar lac er in panden. do er en dannen prast. wi luzel der chinde genas.

des dehnte feine Rache nun auch auf feine Söhne aus [1]). Ariftobulus und Alexander fielen feinem Argwohn zum Opfer; einen andren Sohn Antipater, der ihm nach dem Leben getrachtet, ließ er gefangen nehmen, was Auguftus zu der Bemerkung veranlaßte:

„nu wizzet daz ich wollte sin
„vil lieber kunine herodes swin
„danne ich sin sun were." [2])

Herodes war mittlerweile 70 Jahre alt geworden und lag fchwer krank darnieder. Kein Arzt konnte ihn heilen, und da er nun feinen Tod vorausfah und wünfchte, daß man die Nachricht von feinem Verfcheiden mit Wehklagen aufnehmen follte, fo ließ er die Erften des jüdifchen Volkes greifen und befahl feiner Schwefter Salome, nach feinem Tode diefelben hinrichten zu laffen [4]). Beim Apfelfchälen verwundete er fich, und das Gerücht feines Todes verbreitete fich fchon; doch war es noch verfrüht, und Antipater mußte feine voreilige Freude noch mit dem Tode bezahlen. Kurze Zeit darauf verfchied er [5]). Salome aber ließ die Gefangenen frei und Archelaus beftieg den Thron.

Jofeph war, wie bereits erzählt, nach Nazareth mit den Seinigen zurückgekehrt und lebte dafelbft bis zur Zeit der Kinderverfolgung, wo ein Engel ihn in Kenntniß fetzte von der Gefahr, die feinem Pflegefohn drohte, und ihm befahl, mit Weib und Kind nach Ägypten zu fliehen [6]) (XLVI).

Schleunigft machte fich Jofeph nun auf den Weg. Seine Begleitung beftand nur aus zwei Mägden und einem Knecht;[7]) Maria faß auf einem Efel, ein andrer Efel trug die Lebensmittel; außerdem hatte Jofeph noch ein Rind mitgenommen. Er felbft ging zu Fuß und führte den Efel, der Maria und das Chriftuskind trug [8]) (XLVII).

Schon in der erften Nacht der Reife wurden fie durch das Kind vor großer Gefahr bewahrt. Wilde Drachen griffen fie an, wurden aber durch Jefu Wink

---

1) Das Folgende ift nach dem Paffional.

2) Paff.; — mallem esse Ilerodis porcus, quam filius, quia cum sit proselitus, porcis parcit et filios occidit. — Legend. Aur. X.

3) Remigius autem in originali super Matthaeum dicit, quod Ilerodes gladio, quo pomum purgabat, se peremit et quod Salome soror ejus omnes vinctos, prout cum fratre ordinaverat, interfecit. — Legenda Aurea. X.

4) Er afs Früchte nach dem Mahle; beim Schälen wurde er vom Huften ergriffen und verwundete fich. — L. A. X.

5) Nach Wernher von Tegernfee wird Ilerodes zur Strafe für feine Verbr.chen fiech. Blut und Eiter fchwimmt auf feinem Bette; er reifst fich die Haut mit den Nägeln ab. Die Aerzte können nicht helfen; er verfällt in Tobfucht und ftürzt fich von einem hohen Felfen herab.

6) Wernh. v. Tegernfee. —; Paff. pag. 28. 25 —; Philipp 2742; W. v. Rheinau 70. 48; Konr. v. Fufsesbrunn pag. 82. 57.

7) Phil. 2760—2770; 3 Knechte und eine Magd — Paff. pag. 28. 51—60; W. v. Rh. 71. 41; Konr. von Fufsesbr. pag. 82. 70; Walth. v. Rheinau 71. 54: zween esel unde als manig ring.

8) Paff. pag. 29. 35.

gezähmt [1]. Löwen, Wölfe und Bären thaten dem Vieh keinen Schaden [2]. Am
dritten Tage gelangten fie in die Wüfte, und bald mangelte es ihnen an Allem.
Die Lebensmittel waren ausgegangen; es fehlte an Waffer, die Sonne brannte
überdies verfengend auf die dürre Ebene. Da gelangten fie endlich in den
Schatten eines Palmbaumes und lagerten fich erfreut unter demfelben (XLVIII);
doch obgleich die fchönften Früchte an der Krone der Palme winkten, fie konnten
keinem zu Gute kommen, denn Jofeph erklärte fich für zu ermüdet, um den
glatten Stamm hinaufklettern zu können. Das Jefuskind aber hatte den Gedanken feiner Mutter errathen; es richtete fich in ihrem Schoße auf und befahl
dem Baume, fich herabzuneigen [4]. Durch die Früchte wurden alle gefättigt, und
eine Quelle [3], die Jefus aus der Wurzel der Palme entfpringen ließ, (indem er
mit dem Finger in die Erde bohrte — Philipp 2810) erquickte die müden Wan-
derer und ihre Thiere. — Bäume, Blumen und Kräuter neigten fich bei der
Weiterreife vor dem göttlichen Kinde; die Vögel kamen aus den Lüften herab
und neigten fich vor ihm und der jungfräulichen Mutter [6].

So gelangten fie endlich an eine Stelle der Landftraße, welche durch die
Anfälle einer 12 Mann ftarken Räuberbande beftändig unficher und gefährlich
zu paffiren war. Als nun die kleine Carawane an diefem verrufenen Orte an-
langte, vermeinte einer der Räuber, fahrende Kaufleute zu erblicken, die mit
ihren Saumthieren des Weges zogen [7]; als jedoch die Gefellfchaft näher kam
und der Späher feinen Irrthum erkannte, wurde er von den Andern verfpottet
und verhöhnt, und fo gereizt befchloß er für fein Mißgefchick fich an unfren
Reifenden fchadlos zu halten, das Vieh zu nehmen, Maria als Sklavin für feine
Frau zu behalten, Jefum als Knecht für feinen Knaben aufzuzrziehen, den alten
Jofeph dagegen zu tödten [8]. Doch der wunderbare Blick des Chriftuskindes
wirkte mächtig auf den verftockten Sünder, und noch waren fie bei des Räubers
Haufe nicht angelangt, als fchon der fündige Vorfatz aus dem Gemüth des
Mannes gewichen war. Er eilte feinen Gefangenen voraus, befahl feiner Frau,

---

1) Paff. pag. 28. 64. — pag. 29. 19; — Phil. 2880—2907; W. v. Rh. 72. 31; Konr.
v. Fufs. pag. 83. 2.
2) Paff. pag. 29. 20; Philipp 2908—2928; Konr. v. Fufsesbr. pag. 83. 29; W. v. Rh.
72. 47.
3) Paff. pag. 30. 73: grofs genug in Mühlrad zu treiben; cf. W. v. Rh. 73. 41.
4) Philipp 2786—2865; W. v. Rh. 73. 27; Paff. pag. 29. 72; pag. 30. 89. — Letztere
Erzählung fügt hinzu, ein Engel fei vom Himmel herabgeftiegen, habe ein Reis von der Palme
gebrochen und es im Paradiefe eingepflanzt; cf. Konr. v. Fufsesbr. pag. 84. 54.
5) Philipp 2866 - 2879; W. v. Rheinau 74. 35.
6) Philipp 2930—2937; W. v. Rh. 76. 48.
Nach Walther von Rheinau kommen die Hinden und wilden Kühe und bieten ihre Euter
zum Melken dar. (74. 29.); die Engel bringen den Reifenden Brod, wenn es daran gebricht
(74. 21); eine Wolke fchützt das Kind vor dem Sonnenbrande.
7) Konr. v. Fufsesbrunn. pag. 85. 55.
8) Konr. v. Fufsesbrunn. pag. 86. 42. 51.

das Haus aufs befte zu fchmücken und ein Mahl für liebe Gäfte zu bereiten [1]), und nahm fodann gaftfrei die fremden Flüchtlinge in feinem Haufe auf. Die Frau des Räubers bereitete dem Kinde ein Bad und, etwas Wunderbares in dem Kinde vermuthend, hob fie den Schaum des Badewaffers forgfältig auf[2]) (XLIX).

Unterdeffen war im Wurzgarten auf einem mit Obftbäumen und Weinreben eingefaßten Rafenplatze ein Mahl bereitet worden, nach deffen Beendigung die Gäfte die Nacht in dem Haufe des Räubers zubrachten, um den nächften Tag nach einem Imbiß die Reife weiter fortzufetzen[3]).

Der Lohn aber für die gaftfreie Aufnahme follte nicht ausbleiben. In einem Scharmützel mit einem Trupp Kaufleute war der brave Räuber fchwer verwundet worden und wurde fo von feinen Gefellen in fein Haus gebracht. Da erinnerte fich die Frau des Schaumes, den fie von dem Bade jenes fchönen Kindes aufbewahrt, beftrich mit demfelben die Wunden ihres Mannes, und derfelbe genas. Die wunderbare Salbe wurde bald berühmt. Von Nah und Fern kamen Hülfefuchende, die mit reichen Gefchenken ihre Heilung erkauften. So bezahlte das Chriftuskind fein Nachtquartier[4]).

Auf der Weiterreife wollte Jofeph einen Richtweg einfchlagen und fomit von der geraden Straße abbiegen. Das Kind jedoch verbot ihm jede Änderung der einmal gewählten Reiferoute[5]).

Philipp dagegen erzählt, Jofeph habe gefürchtet, daß auf der wilden ungebahnten Straße ihnen wieder ein Unglück begegne, und fei Willens gewefen, den Weg längs dem Meere einzufchlagen, da habe ihm ein Engel befohlen, den alten Weg feftzuhalten; er werde ihn fchützen und 20 Tagereifen zu dreien verkürzen[6]).

So zogen fie denn weiter gen Ägypten, gefchützt und behütet durch den jugendlichen Heiland. Als Regen und Sturm fie auf der Reife traf, hob das Kind nur die Hand empor, und fofort wölbte es fich über ihnen gleich einem Bogen und unberührt von dem Wetter fetzten fie ihren Weg fort[7]). An einem altheiligen Baume ftanden Götzenbilder, welche fich, wie das Kind an ihnen vorüber zog, tief vor demfelben neigten[8]). Endlich gelangten fie nach fo vielen

---

1) Konr. v. Fufsesbr. pag. 87. 54.

2) Konr. v. Fufsesbr. pag. 88. 23.

3) Konr. v. Fufsesbr. pag. 84. 75— pag. 89. 61; Paff. pag. 30. 90-- pag. 37. 19; cf. die einfachere Erzählung bei Philipp 2938—3095 und Walther von Rheinau 75. 1—76. 13.

4) Paff. pag. 39. 76— pag. 42. 84; Philipp 3018—3061; Konr. v. Fufsesbr. pag. 91. 73— pag. 93. 26.

5) Paff. pag. 37. 20 - 60; Konr. v. Fufsesbr. pag. 89. 62.

6) Phil. 3096—3125: 23 Tagereifen. W. v. Rh. 78. 27: 30 Tagereifen. K. v. Fufs. pag. 90. 2.

7) Philipp 3226—3239.

8) Philipp 3240—3276; cf. Legend. Aur. X. Refert Cassiodorus in hyftoria tripartita, quod Hermopoli Thebayde dicatur esse arbor, quae vocatur persidis, valens in falutem multorum, fi fructus vel folium aut pars corticis collo aegrotantium alligetur. Cum igitur beata Maria cum filio in Aegyptum fugeret, haec arbor usque ad terram inclinata est et Christum fuppliciter adoravit. Haec Cassiodorus. — In Hermopel neigt fich ein Pfirfichbaum. W. v. Rh. 78. 30.

Abenteuern ins Land Ägypten und kamen nach der Hauptſtadt Sotine [1]) (Splien [2]), Hermopolis [3]). Da ſie in der Stadt keine Unterkunft finden konnten, ſo übernachteten ſie den erſten Tag in dem Portikus (phorzich — Phil. 3288), des heidniſchen Bethauſes. In der Nacht ſtürzten darauf die Götzenbilder mit vielem Geſchrei zuſammen [4]) (L.). Durch den Jammer der Heiden wurde auch der Herzog des Landes, Afrodiſius, aufmerkſam, eilte nach dem Tempel, fand dort die verſtümmelten Götzenbilder und gewahrte auch die heilige Familie, welche auf einem Steine an dem Bethauſe ſich niedergelaſſen hatte [5]). Da erinnerte er ſich der Weiſagungen der Propheten Jeſaias und Balaam, ſowie der Erzählungen der heiligen 3 Könige, welche auf der Reiſe nach Jeruſalem die Stadt berührt hatten, und da Joſeph und Maria die Wahrheit ſeiner Vermuthung beſtätigten, ſo nahm er ſie freundlich auf [6]).

Joſeph und Maria lebten ſo zufrieden im Ägyptenland (L.l) Joſeph trieb ſein Zimmermannshandwerk; Maria verwerthete die Fertigkeit im Sticken und Weben, welche ſie im Tempel zu Jeruſalem ſich angeeignet hatte; das Kind aber, dem Maria einen ungenähten Rock gemacht hatte, der immer mit dem Körper mitwuchs [7], nahm zu, lernte bald laufen [8]) und ſprechen [9]) und ward von Alt und Jung in der Stadt bewundert und geliebt [10]).

So waren ſieben Jahre vergangen [11]); Herodes war todt und von Archelaus hatte Jeſus nichts zu befürchten. Da erſchien der Engel wieder dem Joſeph und forderte ihn auf, in die Heimath zurückzukehren (L.la). Nachdem er ſich von den freundlichen Bewohnern Sotine's verabſchiedet und ſie ermahnt hatte [12]),

---

1) Philipp 3279.

2) Paſſ. pag. 37. 79; Splenen — W. v. Rheinau 79. 14; zesplene — Konr. v. Fuſsesbrunnen pag. 90. 11.

3) Legenda Aur. X.

4) Legend. Aur. X. — Ingrediente vero igitur domino Aegyptum ſecundum Ysaiae vaticinium universa ydola corruerunt. Tradunt quoque, quod ſicut in exitu filiorum Irael de Aepypto non fuit domus in Aegypto, in qua procurante domino non jaceret primogenitus, ita nec tunc fuit templum, in quo non corruiſset ydolum. — cf. W. v. Rh. 80. 31; 340 Götzenbilder — Konr. v. Fuſsesbr. pap. 90. 22.

5) Konr. von Fuſsesbr. pag. 90. 72.

6) Philipp 3276—3600; cf. Paſſ. pag. 37. 79— pag. 39. 75; W. v. Rheinau 80. 48—83. 35.

7) Walther von Rheinau 104. 51.

8) Mit einem Jahre W. v. Rh. 84. 32.

9) Mit 1½ Jahren. ibid 85. 2; mit 2 Jahren wird er entwöhnt - ibid. 85. 23; bis zum 10. Jahre lacht Jeſus nicht — ibid 85. 43; er übt Wunder in Aegypten, wird für einen Sohn Jovis gehalten, ſeine Mutter für eine Göttin; wird von den Aegyptern zum König gewählt — ibid. 87. 3—28; nach ſeiner Abreiſe ſtellen die Aegypter ein Bild der Maria, die im Schooſse das Kind hält, in ihrem Tempel auf.

10) Philipp 3600—3760.

11) W. v. Rheinau 84. 15; cf. Vom leben Jesu. pag. 238. 10. ſibentehalp iare. unze herodes uerſciet. cf. Ottfried XIX. 45.

12) Konr. von Fuſsesbr. pag. 91. 63.

machte er fich mit feiner Familie nun zur Rückkehr bereit. Das Kind wurde
auf der Reife geführt oder von Jofeph auf dem Rücken getragen; es verrichtete
auch bei der Heimkehr ein Wunder, indem es feine Mutter trockenen Fußes
über einen Bach führte, als fie aus Schamhaftigkeit die Kleider nicht aufheben
wollte. Auf der Rückreife befuchten fie noch den gaftfreien Räuber [1]), Dismas.
(Derfelbe wurde fpäter mit dem Herrn gekreuzigt und begnadigt)[2]). Nach
fiebenjähriger Abwefenheit kamen fie endlich nach Galliläa und nach Nazareth
zurück (LII).

＊

5.

DAS LEBEN MARIENS VON DER RÜCKKEHR AUS AEGYPTEN BIS ZUM TODE JESU CHRISTI.

(Nach Philipp's Marienleben 3880—7590.)

In Nazareth fand Maria ihre Mutter noch lebend vor; ihr Vater war geftorben und Anna (LIIa) hatte fich inzwifchen mit Cleophas, dem Bruder Jofephs,
wieder vermählt [4]). Da Maria von ihrem Vater eine Hufe Land geerbt hatte, fo
trieb fie nun mit ihrem Gatten Landwirthfchaft; Jofeph behielt aber trotzdem
fein altes Handwerk immer bei [5]) und Jefus wuchs heran und that fchon manche
Wunder.

In den meiften Darftellungen verfchwindet jetzt Maria ganz vom Schauplatz
und Chrifti Schickfale und Wunderthaten treten in den Vordergrund. Es find
deshalb über die Periode, welche wir in diefem Abfchnitt zu behandeln haben,
nur fehr fpärliche Angaben vorhanden. Da Befte ift immer noch in des Kar-
thäufer Philipp's Marienleben zu finden.

Einige Zeit nach der Rückkehr aus Ägypten befuchte Elifabeth mit dem
kleinen Johannes die heilige Familie und blieb 3 Tage bei ihr. Darauf nahm
fie den Knaben Jefus mit fich auf 3—4 Monate, da Maria noch nicht einge-
richtet war und immer noch in Armuth zu darben hatte.

Auf Maria's Fürbitte erweckte fpäter Jefus einen Juden, der eines jähen
Todes geftorben war, weil er ihm fein Spielzeug zertreten hatte [6]).

---

1) Konr. von Fufsesbr. pag. 94. 27— pag. 96. 35; er bewirthet fie und läfst fie fitzen »nach
franzaeis fit.« — ibid. pag. 95. 44.

2) Sed postea unus conversus scilicet Dismas, qui erat a dextris, sicut legitur in evangelio
nicodemi, et alius damnatus scilicet Gesmas, qui erat a simistris. — Legend. Aur. LIII.

3) W. v. Gheinau. 89. 25; Konr. v. Fufsesbr. pag. 96. 82.

4) W. v. Rheinau 89. 29; Jefus war damals 8 Jahr alt. — ibid. 89. 39.

5) Konr. v. Fufsesbrunn pag. pag. 97. 12.

(Josep) zv seinem werche er do graif
seiniv waffen er do sleif
wan er chvnde snitzen.

6) Cf. Paffional pag. 51. 25—53. 5; Konr. v. F. p. 100. 7; Walther von Rheinau 105. 24.

Als Jeſus 12 Jahr alt war [1]), da gingen ſie zuſammen nach Jeruſalem zu einem Feſte. In dem Getreibe verloren die Eltern den Knaben aus den Augen und fanden ihn (erſt nach 3 Tagen) [2]) nach langem Suchen im Tempel, mit den Lehrern diſputirend (LIII. LIV. LV). Gegeſſen, getrunken und übernachtet hatte er bei Eliſabeth, der Frau des Propheten Zacharias.

Später belehrte Jeſus, ehe er ſein Lehramt antrat, zuerſt ſeine Mutter und ſagte ihr ſein Leiden und Sterben, ſowie die Auferſtehung voraus [3]).

•Mit 29 Jahren ließ ſich Jeſus von Johannes im Jordan taufen und begann nun zu predigen. Bald darauf wurde er mit ſeiner Mutter und ſeinen Jüngern zur Hochheit zu Cana geladen [4]) (LVI).

Auf ſeinen Reiſen nahm Jeſus ſeine Mutter öfter mit. So ging ſie einmal mit nach Capernaum [5]), wo ſie bei Petri Schwiegermutter blieb. Als ſie nach Nazareth zurückkehrte, verlor ſie durch den Tod ihren treuen Freund und Gefährten Joſeph [6]) (LVIa). Sie beklagte ihn aufrichtig und ließ ihn in Nazareth beerdigen. Sie folgte jetzt noch öfters ihrem Sohne, wohnte der Erweckung des Lazarus bei und blieb, als Jeſus nach Jeruſalem ging, um ſich ſeinen Feinden zu überliefern, bei Maria Magdalena und Martha in Bethanien (LVII).

Dort erfuhr ſie die Verurtheilung ihres Sohnes (LVIII). Nachdem ſie ſich von der erſten Ohnmacht erholt hatte, eilte ſie mit ihrer Schweſter Maria Cleophas, mit Martha [7]) und andren Frauen nach dem Richthauſe (LIX). Unterwegs traf ſie noch Maria Magdalena; ehe ſie aber das Haus des Pilatus [8]) erreichen, kommt ihnen Jeſus ſchon entgegen, das Kreuz tragend [9]) (LX). Maria wurde ohnmächtig, eilte jedoch, ſobald ſie wieder zu ſich gekommen, ihrem Sohne nach, dem man am Thore das Kreuz abgenommen hatte, und umfing ihn zärtlich [10]). Jeſus tröſtete ſie [11]); darauf folgte ſie dem Zuge nach Golgatha [12]). Dort ließ ſie durch Maria Magdalena, als man Chriſtum entkleidet hatte, einem Schergen ein Tuch reichen, das dieſer Jeſu um die Lenden ſchlang [13]). So wurde Chriſtus

---

1) W. v. Rheinau 105. 24; 3 Jahre nach der Rückkehr. — Vom leben Jeſu p. 238. 14. dannen uber driu iar-do nûr diu maſt daz iſt war. zeiner tult hinz ierusalem. ſi bat daz chint mit ir gen.

2) W. v. Rh. 105. 49; Suchenwirt 1140--1152.

3) Walther von Rheinau 119. 37—125. 48.

4) Walther von Rheinau 152. 40.

5) Walther von Rheinau 153. 32.

6) Ottfried XIX. 3. uuas thinoſtman guater. cf. Marienlieder (ed. W. Grimm. — Haupt, Ztſchr. X.) pag. 121: du wûrdes widue dû Joseph ſtarf.

7) Walther von Rheinau 169. 39.

8) Walther von Rheinau 172. 23.

9) Walther von Rheinau 172. 35.

10) Walther von Rheinau 173. 13.

11) Walther von Rheinau 173. 38.

12) Paſſional pag. 71. 3.

13) Maria giebt ihr eignes Kopftuch der Maria Magdalena; dieſe jedoch weiſt es zurück und reicht dem Schergen ein anderes Tuch. — W. v. Rh. 176. 51—60.

gekreuzigt. Bald laut klagend (LXI), bald ohnmächtig [1] (LXII) wachte fie am Kreuzesftamm. Da fie Chriftum felbft nicht erreichen konnte, fo legte fie ihre Wange an das Kreuzesholz und küßte das herabfließende Blut auf [2]). Chriftus empfahl Maria noch feinem Lieblingsfchüler Johannes [3]) und verfchied darauf (LXIII).

6.

VON CHRISTI KREUZIGUNG BIS ZUM TODE DER HEILIGEN JUNGFRAU.

(Philipp 7590—9196.)

Maria blieb am Kreuze, bis Longinus die Lanze in Chrifti Seite geftoßen und fo alle vom Tode deffelben überzeugt hatte (LXIV). Bei der Kreuzabnahme durch Jofeph von Arimathia und Nikodemus war fie zugegen [4]). Sie fing den losgelöften Leichnam in ihren Armen auf und küßte ihm das Blut von den Wunden [5]) (LXVI). Als fie das entftellte Geficht fah, ward fie wiederum ohnmächtig (LXVII). — Der Grablegung wohnte fie bei mit ihren beiden Schweftern, Maria Cleophas und Marie Salome, Martha und Maria Magdalena [6]) (LXVIII). Johannes führte fie darauf in fein Haus zu Jerufalem [7]) (LXV). Als nun nach drei Tagen Chriftus wieder auferftand, erfchien er zuerft feiner Mutter [8]) (LXIX), vierzig Tage fpäter war fie bei der Himmelfahrt zugegen [9]) (LXX) und ward zehn Tage nachher der Aus-

---

1) Paff. pag. 72. 17.

2) Walther von Rheinau 182. 8.—14.

3) Paff. pag. 73. 90; W. v. Rh. 186. 11 —;   Maria weint blutige Thränen — W. v. Rh. 194. 39.

4) Nach der Verfion des Paffional's (pag. 81. 9.) war fie krank im Haufe des Johannes

5) W. v. Rh. 210. 13—211. 43.

6) Am Grabe aber war fie nicht mit den 3 Marien — Paff. pag. 90. 44; pag. 91. 1; dafs fie bei der Grablegung gewefen, erzählt Walther v. Rh. 211. 44.

7) W. v. Rh. 213. 2; Marienlieder pag. 121. 15.

        wan alse dich troiste der reine Johann

        uûr dinen sun ind uûr dinen man.

8) Paff. pag. 96. 47; W. v. Rh. 217. 27; Suchenwirt 641:

etleich lerer wellent daz	von ersten sainer mûter rain
(daz gelaub ich sunder haz)	di trûg den grozzten smertzen
daz Christ nach der urstend erschain	klegelich in iren hertzen.

cf. Legend. Aur. LIV. Tertia qua ante ceteros Virgini Mariae apparuisse creditur, licet hoc ab evangelistis taceatur. Haec romana ecclesia approbare videtur, quae statim ipsa die apud sanctam Mariam celebrat stationem. . . . Sed absit ut talem matrem talis filius tali negligentia dehonoraverit.

9) Wenn es auch nicht gefchrieben ift, meint der Dichter des Paffionals doch, dafs Chriftus feiner Mutter erlaubt hat feine Herrlichkeit bei der Himmelfahrt zu fchauen. Paff. pag. 104. 10. Suchenwirt 766.   Da pei so wer du chewske magt

        Mit tzwain und sibentzk jungern

        Und mit den töchtern.

120 Perfonen ohne die Frauen. W. v. Rh 227. 55.

gießung des heiligen Geiftes theilhaftig [1] (LXXI). Diefe 10 Tage hatten die
Jünger bei ihr im Gebet mit den drei Marien zugebracht [2]. Als nun die Schüler
Chrifti fich aufmachten, die Lehre in allen Ländern zu verbreiten, kamen fie
vor ihrer Abreife alle zur Mutter ihres Meifters und empfingen ihren Segen.
Bei ihr blieben außer ihren Schweftern noch Maria Magdalena, Johannes und
Jacobus; letzterer hatte ein Bein gebrochen und mußte deshalb noch zu Haufe
bleiben. Das Haus, in dem fie wohnten, hatte Symon, ein Schüler des Herrn,
dem Johannes geliehen.

Marie lebte hier in dem Kreife ihrer Anhänger fo fromm und einfach, wie
fie es in ihrer Kindheit im Tempel gethan hatte. Ein Engel brachte ihr wieder
himmlifches Brod zur Mittagszeit [3]; fie ging felten aus, und wenn fie es that,
um den Tempel zu befuchen, fah fie keufch vor fich nieder [4]. Sie betete zu
jeder Tageszeit und gedachte ihres Sohnes [5].

Gekleidet war fie in ein Gewand von ungefärbter Wolle; darunter trug fie
ein weißes Hemd, darüber einen Mantel, der, über der Bruft zufammengenommen,
den Rücken herabwallte, aber nicht nach dem Halfe gefchnitten war. Auf dem
Haupte trug fie eine Rife [6] von Linnen, weiß und lang, über derfelben einen
Schleier, der zwar bis an die Augen herabreichte, aber nicht um Kinn und
Mund gewunden war, fondern deffen Enden vorn herabhingen. Eine Garnfchnur
gürtete ihr Gewand [7]. Schuhe trug fie immer, damit Niemand ihre Füße bloß
fehe. Das Bett, auf dem fie fchlief, war fehr einfach gemacht: auf dem Stroh lag
ein Kiffen (Kulterlin); darüber waren weiße Laken gebreitet; ein Ohrkiffen ver-
vollftändigte das Ganze. — Maria fprach wenig; aber Fluchen und Schelten
kannte fie gar nicht [8].

---

1) Suchenwirt 800.
2) Walther von Rheinau 228. 45.
3) Walther von Rheinau 232. 19.
4) Walther von Rheinau 237. 2. — Maria befuchte die geheiligten Stellen, die Jefus betreten; den Ort der Geburt, der Taufe, der Paffion, des Begräbniffes, der Himmelfahrt — Suchenwirt 865—878; Legend. Aur. CXIX. Sie arbeitete fleifsig. — Suchenwirt 881.

Man fach dich feyern felden,
Mit fpindel, nadel, fpelden,
Haftu gewunnen hie din nar.

5) W. v. Rheinau 235. 37. — Die Engel tröften fie. — ibid. 235. 32.
6) W. v. Rh. 238. 45.

die magt uf ir houpt truog | fo daz es uf ir achfelbein
ein rein gebende guot genuog; | hangende herabe fchein
dar über waz ein tuoch gefpreit | vnd ir die kel bedachte gar
rein und reineklliche gelert, | vnd ir wengel lichte gevar. —

239. 1. ir har ze keinen stunden | vnd hatte si doch in ir phläge,
wart niemer vf gebunden, | daz dar obe iemer müfte sin
ir zöphe hiengen alle wege | antweder rok oder mantelin.

7) W. v. Rh. 232. 43; über den Gürtel — ibid. 239. 7.
8) Bei ihr wohnten 5 reine Jungfrauen und 5 Witwen. W. v. Rh. 238. 7.

Paulus [1]) ftellte fich nach feiner Bekehrung mit Barnabas Marien vor; Fronto und Maximin, Jefu Schüler, Martha und Maria Magdalena holten fich von ihr den letzten Segen, ehe fie ihre Apoftelfahrten antraten. Viele Neophyten kamen ebenfalls zu ihr [2]).

Da gedachte auch Johannes, das Wort des Herrn in der Fremde zu ver- kündigen; er übergab daher den Schutz der h. Jungfrau dem Jünger Jacobus [3]). Noch viele Wunder gefchahen durch fie, bis endlich die Zeit kam, wo fie der Herr zu fich berufen wollte.

——— —

7.
MARIÄ TOD UND HIMMELFAHRT.
(Nach Konrad von Heimsfurt.)

Zwei Jahre nach Chrifti [4]) Tode faß Maria in ihrer Kemenate und gedachte ihres Sohnes. Da erfchien ihr der Engel Gabriel (weiß gekleidet) [5]) und fragte fie, weshalb fie weine. Sie antwortete ihm, daß ihr die Nachftellungen der Juden Kummer bereiteten, weil diefe alles verfuchten, fie zu tödten um ihres Sohnes willen, der fie fo allein zurückgelaffen habe. Der Engel verkündete ihr darauf, daß in drei Tagen ihr Kümmerniß ein Ende erreicht haben werde; fie werde von der Erde fcheiden und im Himmel Königin werden,

> in dem oberisten trône
> mit zepter und mit krône. (K. v. H. 229.)

wie fie fchon David prophetifch gefehen, als er gefungen (234):

> astitit regina
> a dextris tuis.

Darauf übergab er ihr ein weißes Gewand [6]) als Leichenkleid und einen Palmzweig aus dem Paradiefe, der vor ihrem Sarge hergetragen werden

---

1) W. v Rh. 245. 47.
2) W. v. Rh. 245. 17.
3) Jacobus Alphei. — W. v. Rh. 234. 38.
4) Vgl. Nicephori Callifti ecclef. hift. II. 21 u. 22 (Paris. 1573). Mariae Himmelfahrt (ed. Weigand. — Haupt, Ztfchr. V.) 499.

die reine suze magit clar	vñ iamirs vf der erden phlac
vierzehen wûchen vñ ein jar	sit das er vf zv himel flouc
vñ forbaz an den fvnhten tac	Jesus der ir bruste souc.

12 Jahre nach Chrifti Himmelfahrt — Paff. pag. 121. 3; Suchenwirt 842; Legend. Aur. CXIX. nach Epyphanius 24 Jahre. — Walther von Rheinau hat folgende Angaben: Mit 7 Jahren kam Maria in den Tempel; mit 15 Jahren wurde fie vermählt; mit 16 Jahren gebar fie; 1 Jahr blieb fie in Nazareth, 7 Jahre in Aegypten; 22 Jahre lebte fie mit ihrem Sohne zufammen; 3 Jahre predigte Chriftus; fie überlebte ihn 24 Jahr, fo dafs fie alt ward 72 Jahr. — W. v. Rh. 252. 39—253. 3; cf. Legend. Aur. CXIX.

5) Mariae Himmelfahrt an einem Sonntage — ibid. 739.
6) Mar. Himmelfahrt ift von einem Gewande nichts erwähnt. Maria legt ihr Leichenkleid an, geht auf den Oelberg beten und kehrt fodann in ihr Haus zurück.

follte [1] (LXXII). Da fie bedauerte, daß ihre Freunde, befonders Johannes, bei ihrem Tode abwefend fein würden, verfprach der Engel, daß alle noch vorher zu ihr zurückkommen würden, und verfchwand.

Johannes war zu diefer Zeit gerade in Ephefus und fang dort die Meffe; Gabriel rief ihn, hüllte ihn in eine Wolke und brachte ihn zu Maria. Während fie ihn bewillkommnete und die Himmelsgaben ihm zeigte [2], verfammelten fich, aus allen Herren Ländern von Gabriel [3] zufammengeholt, die 12 Apoftel [4] (LXXIII). Chriftus erfchien unter ihnen [5] und verfprach am dritten Tage wiederzukehren. So gefchah es [6]; am dritten Tage trat er, mit einem weißen Gewande angethan, in den Kreis feiner Jünger [7]. Maria erkannte ihn und fiel ihm zu Füßen; Jefus tröftete fie. Darauf ging fie nach ihrem Bette und verfchied fanft (den geift fi fchône von ir lie — 499). Die Seele nahm der Engelsfürft Michael in Empfang (LXXIV).

Nachdem Maria entfchlafen, befahl Chriftus [8] den Jüngern, die Leiche zwei Tage hindurch zu bewachen; am dritten Tage werde er wiederkommen [9]. Die Leiche wurde nun auf eine mit reichen Pfellen behangene Bahre gelegt [10]. Nicht wie andre Todten hatte fie einen unangenehmen Geruch; Geficht und Farbe waren unverändert. Paulus übertrug Johannes die Ehre, den Palmzweig der

---

1) Paff. pag. 122. 60. Palme und feidenes Gewand als Bahrkleid; Philipp 9204.

von dem himel daz gewant
gemachet von der engel hant;

die Palme als Zeichen des reinen Magdthums — Phil 9226; cf. W. v. Rheinau. 253. 45—47.

2) Paff. pag. 125. 67; Maria legt fich auf's Bett. Paff. pag. 125. 72.

3) Durch den heiligen Geift. — Phil. 9253; W. v. Rheinau 256. 43.

4) Auch ihnen zeigt fie die himmlifchen Gefchenke. — Paff. pag. 127. 5.

5) Die erfte Verfion, welche Walther von Rheinau mittheilt, läfst Maria um Mitternacht entfchlafen und kennt keine Erfcheinung. — W. v. Rh. 259. 25. Weder das Paff. noch das Gedicht von Mariä Himmelfahrt kennt die Erfcheinung Jefu. — Er erfcheint mit einem Donnerfchlage — Phil. 9317; W. v. R. 259. 42.

6) Maria legt ihr Bahrkleid an. Paff. pag. 127. 86.

7) Chriftus, begleitet von Engeln, Propheten, Weiffagern, Märtyrern, Beichtigern und himmlifchen Jungfrauen, bietet den Apofteln feinen Grufs, da fie allein von dem Volke wach find, und bezeichnet ihnen das Grab als oben am Ende der Stadt nach Often rechter Hand. Paff. pag. 128. 12; cf. Legend. Aur. CXIX. — Bei Chrifti Erfcheinen beten die Apoftel bei der Jungfrau; 3 Jungfrauen halten Kerzen; die andren Anwefenden find eingefchlafen. — Paff. pag. 128. 5.

8) Michael. — W. v. Rheinau. 260. 45.

9) Drei reine Jungfrauen wafchen die Leiche; doch müffen fie taftend dabei zu Werke gehen, da von dem entkleideten Leibe ein ftrahlender Glanz ausgeht — M. H.; Paff. pag. 130. 11; Leg. Aur. CXIX. — Auf einem Gemälde in Sta. Laura (Athos) find diefe drei Jungfrauen als Maria Magdalena, Maria Salome und Maria Cleophas bezeichnet. — Didron Ann. archéol. I. 115.

10) Phil. 9368.

üf eine niuwe bâre den leiten
dar üf ein wîzes tuoch fi breiten.

Sie legen ihr das Bahrkleid an. W. v. Rh. 261. 3.

Bahre vorauszutragen [1]). So zogen fie nun aus [2], den Pfalm „in exitu Israhel
de Egypto“ fingend. Die Engel ftimmten in den Gefang mit ein [3]). Als fie zur
Thüre hinaus traten, erfchien eine Krone über der Bahre, ähnlich „Dem
Kreize der umb den mâne gât“, (603). Der Weg führte „ze Jêrufalem gên
Jôfaphat“ [4]. Die Leiche follte jedoch nicht ohne Störung zur Ruhe gelangen.
Die Juden nämlich hatten den Gefang gehört und eilen nun unter Anfüh-
rung ihres Bifchofs [5]) herbei, um einige Apoftel zu fangen und in Ketten zu
legen, die Bahre aber in den Koth zu werfen. Der Bifchof verging fich fogar
foweit, die Bahre anzufaffen; doch auf der Stelle folgte die Strafe: feine Hände
klebten feft an der Bahre; die fchreiende Menge wurde von Krankheiten, befonders von der fallenden Sucht, erfaßt [6]). Nun bat der Bifchof demüthig den
heil. Petrus, er follte ihn befreien, fchon aus Dankbarkeit dafür, daß er ihn
gerettet, als man bei Chrifti Verurtheilung [7]) ihn erkannt. Auf die Verficherung,
daß er fich wolle taufen laffen, befreite ihn Petrus und hieß ihn die Palme
aus Johannis Händen nehmen und die Menge damit berühren. Alle genafen;
nur fünf Ungläubige wurden vom Tode getroffen [8]) (LXXV). — So gelangten
die Apoftel von jetzt an unbehelligt [9]) an das für die Leiche beftimmte Grab [10]), das
in einen Stein eingehauen war. Hier wurde fie beigefetzt [11]), und nun wachten
die Jünger zwei Tage und zwei Nächte, bis am dritten Tage Chriftus erfchien [12]).
Chriftus fragte nun die Apoftel, welche Ehre er feiner Mutter nach ihrem Tode
erzeigen follte, und billigte den Vorfchlag des Paulus, fie zu fich in den Himmel
zu nehmen und dort zu krönen. Er läßt darauf den Stein vom Grabe wälzen [13])

---

1) Phil. 9374; W. v. Rheinau 261. 12.

2) Petrus geht am Haupt, Paulus am Fufsende der Bahre. — Mar. Himmelf. 1193.

3) Petrus ftimmt den Pfalm an. — Legend. Aur. CXIX; Phil. 9379; W. v. Rheinau 261. 18.

4) Phil. 9372; W. v. Rheinau 261. 11.

5) Es ift ein gemeiner Jude; die Arme verdorren und verkrümmen ihm. — Phil. 9404—9413;
W. v. Rheinau 261. 44 · 262. 5.

6) M. II., fie werden blind; Phil. 9414. W. v. Rh. 262. 6.

7) Als er dem Malchus das Ohr abgehauen. Phil. 9420; cf. W. v. Rh. 262. 21.

8) Diefelbe Anzahl. M. II.

9) Eine weifse Wolke umfing fie. W. v. Rh. 263. 40.

10) Johannes hatte es machen laffen. Phil. 9483.

11) Die Frauen gehen heim. Phil. 9500; der Leichnam wird von den Frauen mit Speze-
reien balfamirt und in ein Tuch gewickelt beigefetzt. — W. v. Rheinau 264. 22.

12) Am Morgenroth des dritten Tages; die Apoftel fchlafen. — W. v. Rh. 265; begleitet
von Engeln und Erzengeln, Bifchöfen und Beichtigern, Witwen und Jungfrauen, Märtyrern,
Patriarchen und Propheten, und St. Michael, der die Seele bringt. Alle fingen »Gloria in excelsis deo“. — Mar. Himmelf. 1455.

Nach Philipp fchlafen die Jünger als Chriftus Maria zum Himmel auffahren läfst. Thomas
hat jedoch im Gebete eine Vifion gehabt und bittet Gott ihm ein Zeichen von Mariä Himm-
melfahrt zu geben. Da fällt vom Himmel herab Mariä Leichenkleid. Als die Apoftel das Grab
öffnen, finden fie es leer und nur Himmelsbrod (Manna liegt darin. 9510—9574. LXXVI. 3.)

13) Durch Gabriel. — M. II.

und befiehlt dem Leibe die Seele zurückzugeben. Da erhob fich die Jungfrau, dankte und ftieg mit ihm zum Himmel auf, obfchon, wie Konrad von Heimsfurt naiv bemerkt (949):

> si enhâten weder ros noch wagen
> noch sliten der si solte tragen.

Die himmlifchen Heerfchaaren kamen ihr mit Lobgefängen entgegen [1]):

> 976. die sungen epitalamîâ
> daz bediutet hôhiu brûtliet (LXXVI).

Während die Apoftel noch am Grabe ftanden und der zum Himmel emporgehobenen Jungfrau nachfchauten, kam Thomas zu ihnen. Alle wunderten fich, daß er bei diefer Feier nicht zugegen gewefen; er jedoch erzählte, er habe „de monte Siôn» (1060) alles gefehen und gehört; auch habe ihm die Jungfrau zum Zeichen ihrer wahrhaftigen Himmelfahrt den Gürtel, mit dem ihr Leichenkleid befeftigt gewefen, herabfallen laffen. Thomas wurde von Allen glücklich gepriefen (LXXVI. 2). — Nachdem fie fo ihrer Pflicht in Jerufalem nachgekommen, kehrten fie zu ihrem Berufe zurück und predigten das Evangelium in aller Herren Ländern [2]).

---

1) Chriftus führt fie an feiner Linken; an der Himmelseinfahrt (1610) wird fie empfangen mit dem Rufe: »sis wilkomen, Maria« (M. II. 1595).

cf. Albertus Magnus. — Bibl. B. Virginis Mariae p. 196: Primo ascendit faeliciter, quia ad Deum Patrem et Filium et Spiritum Sanctum. Vnde dixit: Ascendo ad Patrem meum etc. Item ascendit hilariter, quia conculcavit Mundum, Diabolum et Peccatum. Item ascendit regaliter cum Choris Angelorum et Sanctorum et cum Ductore suo, Jesu Christo. Vnde ipsa admirando poterat dicere, quae est ista quae ascendit de deserto etc. Cant. 3.

Quantum magis credendum est, militiam celorum cum suis agminibus festive obviam venisse genetrici Dei eamque ingenti lumine circumfulsisse et usque ad thronum olim sibi, etiam ante mundi constitutionem paratum cum laudibus et canticis spiritualibus perduxisse (S. Hieronymi. Sermo ad Paulam et Eustachium de assumptione B. M. Virginis (op. ed. Erasm. Roterd. Basileae 1565. fol. tom. IV. pag. 71. B.) bei Primiffer in der Ausgabe von Suchenwirt).

2) Die Apoftel küffen das Grab und kehren fodann zurück. Einer von ihnen jedoch ift nicht bei der Himmelfahrt zugegen gewefen, und »do man die rede ime vor las« wünfcht er das Grab zu befuchen und zu öffnen. Nach langem Widerftande, weil man fürchtete, die Juden würden fie befchuldigen den Leichnam entwandt zu haben, geben die Apoftel nach. Im Grabe findet man Mariä Bahrkleid. — Paff. pag. 134. 24—61; Legend. Aur. CXIX.

8.

MARIÄ KRÖNUNG UND VERKLÄRUNG.

Von St. Michael geführt, erreichte Maria den Himmel. Von den neun Engelschören [1]), über denen fie thronen foll [2]), wird fie mit Jubel empfangen, und, nachdem fie ihre Eltern, Jofeph und Johannes den Täufer begrüßt, mit Singen und Tanz im Triumph zum Throne Gottes geleitet. Gott Vater nahm fie liebevoll auf (LXXVII—LXXVIII); Chriftus wies ihr einen Stuhl zu feiner Linken an und krönte fie (LXXIX); der heilige Geift verfprach ihre Fürbitten ftets zu erhören [3]) (LXXX—LXXXII).

1) Dionysius Areopagita (ed. Balthasar Corderius. — Antw. 1634. tom I) theilt in der Schrift „περι τῆς οὐρανίας ἱεραρχίας" (cap. VII—IX.) die Engel in drei Hierarchien, jede zu drei Chören die Namen derfelben find: Σεραφὶμ, Χερουβὶμ, Θρόνοι, κυριότητες, δυνάμεις ἐξουσίαι, ἀρχαὶ, ἀρχάγγελοι, ἄγγελοι. — lateinifch S., Ch., Thr., potestates, virtutes, dominationes, principatus, archangeli, angeli. — cf. Isidorus Hispalensis (opp. ed. du Breul. Paris 1601. fol. pag. 90 — citirt von Primisser in der Ausgabe des Suchenwirt). Origines lib VII. cap. V; Suchenwirt: 7 freuden Mariae, 1035; Bücher Mosis (Diemer: Deutsche Ged. d. XII. u. XIII. Jahrh.) pag. 3. 6; — deutfch Engel, Erzengel, Tugenden, Gewalt, Fürften, Herrfchaft. Troni, Cherubin, Seraphin — Paffional p. 334. 1—341. 91. cf. Le Trésor de Pierre de Corbiai (ed. Dr. Sachs, Brandenburg 1859).

48   criet X. ordes d'angels preclars e resplandens,
se lanzar e servir, e per so majormens
los fes de se connoisser alegres e jauzens.
mas lo sobeirans ordes, qu'era plus bels e gens,
sellui trobet orgoill, enveia e nosens,
que s cuget egalar ab Dieu comunalmens.
en eiss' ora que venc sos outracuidamens
perdet sa gran beutat, e fon del sel càsens,
oribles e escurs e negres e pudens,
e cazec en ifern lains preondamens.

2) Paff. 342. 28.
3) Phil. 9586—1065; cf. W. v. Rheinau 267. 3—285. 38.

II. IKONOGRAPHIE.

Cyklifche Darftellungen des Marienlebens find befonders häufig von italienifchen Meiftern ausgeführt worden. Die ältefte derfelben ift die Folge von Wandmalereien, welche von Giotto's Hand in der Arenakapelle zu Padua erhalten
find (Crowe I. 229) und die in Holzfchnitten die Arundel Society publicirt
hat. Demnächft find zu erwähnen die Malereien des Taddeo Gaddi in der
Baroncellikapelle von Sta. Croce zu Florenz (Crowe I, 291), welche mir in
Photographien von Alinari vorlagen, die Gemälde, mit denen Agnolo Gaddi
die Capella della facra cintola in der Pieve zu Prato ausfchmückte (Crowe II,
41), die Arbeiten des Ottaviano Nelli in der Kapelle des Palazzo del Governo zu Foligno, 1424, (Crowe IV, 101), die leider zu Grunde gegangenen
Fresken, die Jacopo Bellini in S. Giovanni Evangelifta zu Venedig ausführte
(Crowe V. III) und die Arbeiten des Domenico Ghirlandajo in Sta. Maria
Novella zu Florenz (Crowe III, 237). Endlich wären noch zu nennen die Malereien des Boccaccino im Dome zu Cremona, 1515—17 (Crowe VI, 510) und
die des Pomponio Amalteo in der Hofpitalkirche zu S. Vito (Crowe VI, 369).
An anderen Stellen haben andere Künftler einige Scenen aus dem Marienleben
gemalt, jedoch nicht das ganze Leben der Jungfrau vorgeführt, wie z. B. Giovanni da Milano in der Rinuccinikapelle von Sta. Croce zu Florenz (Cr. I, 338),
Luini in der Kirche zu Saronno etc. Diefe im einzelnen anzuführen halte ich
für unferen Zweck nicht entfprechend.

Die Gefchichte der italienifchen Malerei von Crowe und Cavalcafelle citire
ich nach der deutfchen Ausgabe von Jordan. Außer Photographien habe ich
von Illuftrationswerken benutzt die Tafeln zu Giovanni Rofini's storia della pittura
Italiana, die Abbildungen der franzöfifchen Ausgabe von d'Agincourt's histoire
de l'art etc., Ernft Förfter's Denkmäler italienifcher Malerei. Für die italienifchen
plaftifchen Bildwerke wurde Cicognara's storia della scultura italiana benutzt.

Für die Denkmäler franzöfifcher Kunft war ich auf Didron's Annales archéo-
logiques angewiefen, und felbft dies Werk ftand mir nicht in einem vollftändigen
Exemplar zur Verfügung; von größeren Kupferwerken konnte ich allein Eugène
Hucher's Vitraux peints de la Cathédrale du Mans (le Mans 1864) gebrauchen.

3 *)

Die deutfche Kunft hat meines Wiffens größere cyklifche Darftellungen aus dem Marienleben nicht gefchaffen. Mögen auch an gefchnitzten und gemalten Altaren in Glasgemälden, Miniaturen etc. fich mannigfache Scenen aus dem Leben der Jungfrau dargeftellt finden, fo große Reihen derfelben, wie fie die italienifchen Künftler gemalt haben, dürften in Deutfchland kaum aufzufinden fein. Man könnte höchftens die zwölf Kupferftiche des Israel von Meckenen (B. 30—41), die zwanzig Holzfchnitte des Albrecht Dürer (B. 76—95) jenen Leiftungen des Giotto gegenüberftellen.   Die Kunftdenkmäler des chriftlichen Mittelalters in den Rheinlanden von Ernft aus'm Weerth, die Denkmäler deut-fcher Kunft von Ernft Förfter, die Mittheilungen und Jahrbücher der k. k. Com-miffion zur Erforfchung und Erhaltung der Bau- (refp. Kunft-)Denkmäler, der Anzeiger für Kunde deutfcher Vorzeit find von mir vielfach benutzt worden. Selbftverftändlich habe ich auch den Peintre-Graveur von Ad. Bartfch für meine Zwecke verwendet; die Publication der Abbildungen von Holzfchnitten des 14. und 15. Jahrhunderts, welche vom Germanifchen Mufeum veranlaßt wurde, konnte als willkommene Ergänzung des fonft fo fpärlichen illuftrativen Materials angefehen werden.

Gern hätte ich noch von den Streitfchriften über die Kirchenbilder Gebrauch gemacht, die Pieper in feiner «monumentalen Theologie», p. 706, verzeichnet; indeffen konnte ich weder des Huldricus Pulsnicenfis erbauliche Nachrichten, noch den Pictor cristianus des de Ayala oder die Théologie des Peintres des Abbé Méry hier erhalten.   Weniger bedaure ich Hilfcher's Schrift «de erroribus pictorum» und des Fabricius Disputatio theologica nicht erlangt zu haben: die ähnliche Abhandlung von Jüngling (refp. Ferber) de inanibus picturis (Lips. 1679) und Ph. Rohr's «Pictor errans» (Lips. 1679), die ich einfehen konnte, ent-halten für unfre Zwecke gar nichts, find voll von ganz gewöhnlichen Phrafen.

Sehr bedeutend dagegen und jedem Kunftforfcher zur Lecture wohl zu empfehlen find des Johannes Molanus «de historia ss. imaginum et pictura-rum pro vero earum usu contra abusum libri IV» (Antwerp. 1617).   Molanus verwirft alle die auf die Apokryphen zurückgehenden Darftellungen und will, daß der Künftler nur den feftftehenden Berichten der h. Schrift feine Stoffe entlehnen foll.   Er duldet zwar die älteren Bilder, welche die legendarifchen Stoffe vorführen, foweit fie nicht Anftoß gewähren, hat aber für die Poefie der Legende kein rechtes Verftändniß mehr.   Die Auferftehung und Krönung der Maria läßt er trotzdem gelten; im übrigen will er die Darftellungen, aus dem Marienleben zumal, fo gehalten wiffen, daß das irdifche Element im Leben der Jungfrau ganz zurücktritt.   Sie foll nicht mehr im Kindbett liegend gemalt werden, fondern der Künftler foll den Moment wählen, wie fie das neugeborene Kind anbetet; er foll fie nicht auf dem Sterbebette ruhend darftellen, fondern wie fie knieend im Gebete ihren Geift aufgiebt u. f. w.   Schon im fünfzehnten Jahr-hundert hatten viele Künftler, wie unten gezeigt werden wird, fich ihre Stoffe fo zurechtgelegt, ob aber damals ſchon die von Molanus ausgeſprochenen Bedenken gegen die ältere Darſtellungsweiſe unter den Theologen vorhanden waren, kann ich nicht nachweiſen.

Daß für gewiſſe Epiſoden aus dem Leben der h. Jungfrau beſtimmte Darſtellungsweiſen wenigſtens zeitweilig üblich waren, ſcheint mir ganz ſicher: die Geburt der Maria iſt immer nach einem gewiſſen Schema componirt worden. Für die Geburt Chriſti iſt bis in's vierzehnte Jahrhundert eine gewiſſe Anordnung ganz allgemein üblich, der Tod der Jungfrau endlich iſt bis zum Anfang des fünfzehnten Jahrhunderts immer in einer ziemlich gleichen Art gebildet worden. Auch bei den andren Scenen würde ſich vorausſichtlich dies nachweiſen laſſen, wenn man mehrere Darſtellungen zu vergleichen im Stande wäre. Ich kann dieſe Frage aus den ſchon in der Einleitung erörterten Gründen nur anregen, nicht ſelbſt beantworten, glaube jedoch, daß, wenn man den hier ſkizzirten Andeutungen weiter nachgeht und nach dieſer Hinſicht die Leiſtungen unſrer mittelalterlichen Künſtler einmal eingehender prüft, man dann zu dem Reſultate kommen wird: die Künſtler des Mittelalters haben für die gewöhnlichen von der Kirche verlangten Darſtellungen gewiſſe Schemata gehabt, wie ſolche von den griechiſchen Malern noch heute gebraucht werden; ſie haben dieſelben zwar nicht ſklaviſch befolgt, ſie vielmehr nach beſtem Können verbeſſert, aber doch ſo lange feſtgehalten, bis eine neue Darſtellungsweiſe mehr Beifall fand: es ſind ſpäter, im fünfzehnten Jahrhundert, oft für einen Stoff mehrere Schemata vorhanden geweſen, unter denen dem Künſtler wie dem Beſteller die Wahl freiſtand. Bei genauer Nachforſchung wird ſich vielleicht dann ergeben, daß nicht bloß im Laufe der Zeit ſich die Darſtellungsweiſe ändert, ſondern daß in den einzelnen Künſtlerſchulen die oder jene Compoſition mit Vorliebe ausgebildet wurde u. ſ. w. Auch eine derartige Unterſuchung kann für die Kunſtgeſchichte nur von Nutzen ſein; iſt dieſelbe ſo erſchöpfend, wie dies allerdings erforderlich erſcheint, durchgeführt, ſo wird ſie die Mittel an die Hand geben, nicht nur die Entſtehungszeit, ſondern auch vielleicht die Herkunft eines Kunſtwerkes beſtimmter, wiſſenſchaftlich zuverläſſiger feſtzuſtellen, als dies bisher, wo man allein den künſtleriſchen Charakter der Denkmale in's Auge faßte, zu erreichen möglich war.

I. [1] *S. Joachim, Greiſengeſtalt zuſammen mit S. Joſeph.*
Tafelgemälde von Dürer, München, Pinakothek, (lith. v. Strixner).
II. *Joachim, Almoſen ſpendend.*
Fresco des Caliſto da Lodi in der Incoronata zu Lodi (Crowe u. Caval-

---

1) Die Zahlen verweiſen auf die Stellen der Legende, die von den hier erwähnten Epiſoden handeln.

caselle VI, 500). Quentin Maffys, Altar der Peterskirche zu Löwen (abgeb. Dohme, Kunſt und Künſtler 1; Qu. Maffys 32). Hier erfcheint der jugendliche Joachim mit feiner Gattin Anna.

III. *Die älteſte Darſtellung der h. Anna* fcheint das Mofaik in der Marto-rana zu Palermo. (S. Maria dell Ammiraglio 1113—43) zu bieten. (Crowe I, 63). Das fpäte Vorkommen von Annenbildern iſt wohl daher zu erklären, daß die Verehrung der Mutter Mariä erſt im 14. und 15. Jahrhundert allgemeinere Ver-breitung fand. In England wurde diefer Cultus erſt 1378, in Dänemark 1425 eingeführt (AA. SS. z. 26. Juli); in Sachfen wurde ihr Feſt erſt feit 1494 gefeiert (Otte, Kunſtarchaelogie. 4. Aufl. p. 926). In Bettona bei Affifi befindet fich ein von Spagna gemaltes Bild der h. Anna. (Crowe IV, 341).

IV. Ich will hier gleich die fämmtlichen *Darſtellungen der h. Sippe* zu-fammenfaffen. (Vgl. m. Auffatz im Anzeiger für Kunde d. deutfchen Vorzeit XVII. (1870) Sp. 313). Wir finden da:

1. Maria mit dem Kinde,

2. Maria mit dem Kinde und Jofeph,

3. Anna mit Maria und dem Jefuskinde und zwar:

    a. ſtehend, *α*. Maria auf dem einen, Jefus auf dem andern Arm tragend.

          β. Maria tragend, welche ihr Kind felbſt im Arme hält.
          Wandgemälde in Velemér, (Mitth. d. k. k. Comm. XIX, p. 203, Taf. 1).
          Kupferſtich von Israel von Meckenen. — B. 232.

    b. fitzend nur in beiden eben erwähnten Weifen mit Maria und dem Kinde gruppirt. Die erſte Gruppirung z. B. auf einem Holzfchnitte von 1440—50 und einem anderen von 1494, vgl. Holzfchnitte des germanifchen Mufeums, Taf. XXVII und CXLVII. Das andre Arrange-ment z. B. auf dem Tafelgemälde von Gennaro im Mufeum zu Neapel (Anf. d. 14. Jhd. — Crowe I, 272), dann auf dem Gemälde von Benozzo Gozzoli in der Akademie zu Pifa (Crowe III, 282) und Vincenzo Catena in der Dresdener Galerie (Crowe V, 269). Kupferſtich von Mair. — B. 8.

    c. Anna fitzt, hält das Kind; Maria ſteht neben ihr.

    d. Anna fitzt, in einem Buche lefend; Maria fitzt zu ihren Füßen lefend, mit einem Arme das Kind haltend.
          Kupferſtich des Meiſters mit dem Weberfchiffchen. — B. 15.

    e. Anna fitzt, in einem Buche lefend, neben der erwachfenen Maria, welche das Kind hält. (Marienaltar des Breslauer Mufeums, abg. bei Förſter, Denkmale etc. VI. Malerei; Schlefiens Vorzeit I, Taf. 20).

    f. Anna fitzt und hält Maria auf dem Schooße; das Chriſtuskind ſteht neben ihnen.

Kupferſtich des Israel von Meckenen. — B. 120.

g. Anna und Maria ſitzend, zwiſchen ihnen das Kind.
H. Holbein d. Ae. in der Augsburger Galerie.

h. Anna hält das Kind; Maria kniet vor ihr.
Holzſchnitt von Hans Schäuffelein. — B. 12 und 20.
Holzſchnitzerei in der Kirche zu Laugwitz bei Brieg.

4. Anna mit Maria und dem Kinde und S. Joachim. Girolamo dai Libri
in S. Paolo zu Verona. (Crowe V, 528) — Schule des van Eyck, Dres-
dener Muſeum 1794, (Crowe 127). — Dieſelben mit Joſeph, Kölner Muſeum 536 (Cranach's Schule). — Albrecht Dürer, Holzſchnitt. — B. 96,
(vgl. B. VII, 176); — Hans Burgkmair, Holzſchn. — B. 26; — Hans
Broſamer, Holzſchn. — B. 6.

5. Anna mit ihren drei Gemahlen, Joachim, Cleophas und Salome, Maria
mit dem Kinde und Joſeph. (Zwei Altarflügel des Breslauer Muſeums
aus dem Kloſter Trebnitz ſtammend. N. 4432—4433. — Schultz, ur-
kundl. Geſchichte der Breslauer Maler-Innung, p. 145).

6. Anna mit ihren drei Gemahlen: Maria mit dem Kinde, Joſeph und Gott
Vater (Calcarer Schnitz-Altar. — E. Förſter, Denkm. XII, Sculptur.
Ernſt aus'm Weerth, Denkm., Taf. XVI). Zuweilen iſt auch noch der
h. Geiſt zugefügt, ſo daß den drei Gemahlen der Anna die drei der h.
Jungfrau entſprechen (ſo in dem oben 3 e. erwähnten Gemälde des
Breslauer Muſeums) und auf Israel von Meckenen's Stich. — B. 148.
In dem Gemälde des Walraf-Richartzmuſeums zu Köln N. 444 fehlen
Salome und Cleophas.

Complicirter wird die Darſtellung, wenn auch die Schweſtern der h. Jungfrau mit ihren Kindern und Gemahlen noch vorgeführt werden. Ich kenne
keine bildliche Darſtellung der heiligen Sippe, die vor dem fünfzehnten Jahrhundert entſtanden iſt und glaube daher, daß die Viſion der Beata Coleta Boilet
(geb. 1380 oder 1381, † 8. März 1447), welche nach Waddingus (Ann. Mino-
rum a. a. 1406 num. 23) 1406 ſtattfand, dazu den nächſten Anlaß gegeben hat.
Ihr Biograph Stephanus Juliacus erzählt (AA. SS. 1. März, p. 556), daß ſie eine
eifrige Verehrerin der h. Anna geweſen, «propter quod», fährt er fort: «in ora-
tione ferventi coram Deo ſemel apparuit ei Anna sanctissima praedicta cum ornatu
glorioso secum ducens honorifice suam totam progeniem nobilem et gloriosam, sua
manu tenens carissimum et valde gloriosum infantem, Dominum Jeſum piissi-
mum nostrum Redemptorem et gloriosissimum Salvatorem. Secunda filia S.
Maria Jacobi, tenens manibus quatuor filios gloriosos, videlicet Jacobum minorem,
Simonem et Judam et Joseph Justum. Tertia vero fuit Mariae Salome manu

tenens similiter suos genitos gloriosos, scilicet Jacobum majorem et Johannem evangelistam.» Diefe Darftellungen wurden im Laufe des fünfzehnten Jahrhunderts fehr beliebt; im fechzehnten Jahrhundert werden fie nicht mehr verwendet, da die Kirche an der dreimaligen Verheirathung der h. Anna Anftoß nehmen zu müffen glaubte. Molanus, der im achtundzwanzigften Capitel des dritten Buches feiner Hiftoria SS. Imaginum diefe Bildwerke befpricht, fchließt feine Bemerkungen mit den Worten: «Cum ergo non expediat, ut docti in pictura certis aperte incerta misceant, sufficiat eis, si placet pingere Beatam Annam cum filia et Salvatore et si velint cum Joachim et Jofeph. Reliqua vero in Imaginibus positis vel ponendis a plebe ipsi tolerent, quamdiu legitima potestas ea non improbat.»

Das Breslauer Mufeum befitzt mehrere folche Sippenaltäre; andre finden fich in fchlefifchen Kirchen vor (Bankau bei Brieg); in Camenz in der Laufitz ift ein gleicher Altar (Neues laufitzifches Magazin VII. (1828) 478; aus Szmrecsány im Liptauer Comitate befchreibt ein ähnliches Bild Florian Romer und erwähnt dabei eine gleiche Darftellung, welche im zweiten Hefte der »chriftelijke Kunft in Holland en Vlaanderen« von J. A. Alberdingk Thijns befprochen wird (Anz. f. Kunde deutfcher Vorzeit, 1875, p. 141). Ueber ein Innsbrucker Gemälde von Sebaftian Schel, 1517, f. Lützow's Ztfchr. IV, 175. Die Nürnberger, Ulmer, Marburger, Kölner, Lübecker Sippenbilder werde ich noch anführen; von italienifchen Darftellungen find mir allein bekannt geworden das Gemälde von Pietro Perugino früher in S. Maria tra fossi in Perugia, jetzt im Mufeum zu Marfeille, (C. Förfter, Raffael, I 151; Crowe IV, 254), ein Bild von Lorenzo de'Fasoli jetzt im Louvre und ein andres im Dome zu Afti (Crowe VI, 88).

Zur Überficht über die Verwandtfchaft der heiligen Sippe diene die folgende Stammtafel:

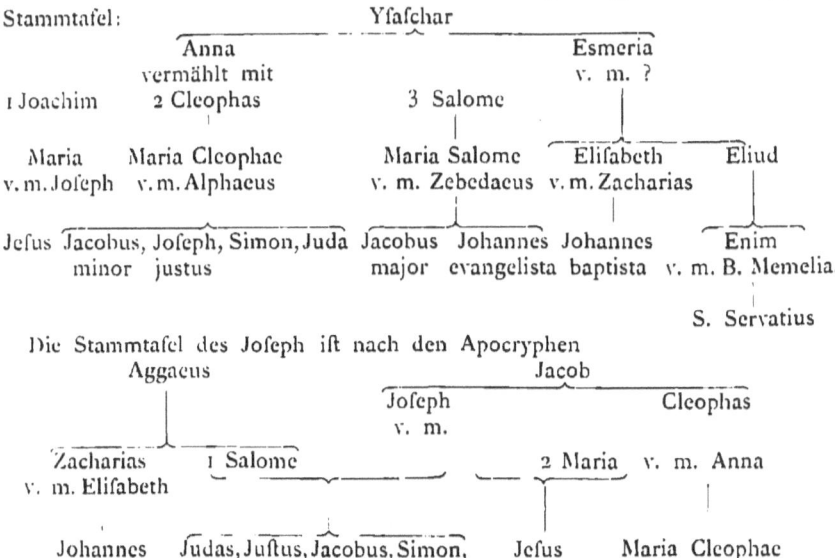

Eine Serie von Gemälden des Hans Schühlein, die theils in der Moritzkapelle zu Nürnberg bewahrt werden, früher fälfchlich dem Martin Schongauer
zugefchrieben, theils in der Münchener Pinakothek jetzt aufgeftellt find, vervoll-
ftändigen den erften Stammbaum noch einigermaßen. Bei den Figuren find
Infchriftbänder zur Erklärung beigefügt; fie lauten:

> Von Yfachar und fufanna
> Ift geporn hysmeria und anna (Pinak. N. 11)[1]
> Anna mit Joachim gebar
> Mariam gottes mutter dar (Moritzk. N. 66).
> Anna vnd Cleophas mit Ee
> Geparn Mariam Cleophe.
> Anna mit Salome nit liefs
> die dritten Mariam Salome hiefs (Moritzk. N. 115)
> Die erft Maria Jhefum genas
> Der hailig Gaift tet wirken das
> Jofeph fein gefchätzter vater was (Moritzk. N. 62)
> Cleophe maria alpheum het
> Den mindern Jacob fie geberen tet.
> Der gerecht Jofeph der ander was
> Der dritt und vierd Symon Judas (Moritzk. N. 111).
> Maria Salome vnd ir mann
> Zebedeus geparn Johann
> Evangeliften rain bekant
> vnd Jacobum den grofseren genant (Moritzk. N. 59).
> Hifmeria[2]) und ir mann hett
> Eliud vnd Elizabeth (Moritzk. N. 63).
> Johannes töffer von got erkoren
> ausz Elizabeth vnd Zacharia hailg geporen (Pinak. N. 1346)
> Von eliud aufs memelia[3]) kam
> Ain bifchoff Servacius was fein nam (Pinak. N. 626).
> zuo luttich den glauben leret ich
> Servacius. do worf man mich
> mit Holzfchuochen ze tod auff der fart
> zuo Maftric ich begraben wardt (Pinak. N. 13).

Aus diefer Infchriftenreihe geht hervor, daß man auch noch eine Mutter der
h. Anna, die Sufanne, kannte, die fonft nicht erwähnt wird. Überhaupt ift die
ganze Genealogie etwas unficher. Die gewöhnlich angenommene und in den
Schriftdenkmalen überlieferte Ahnenreihe habe ich in der erften Stammtafel mit-
getheilt; den Künftlern fcheint jedoch noch eine andre vorgelegen zu haben. In
der Moritzkapelle zu Nürnberg hängen zwei Tafeln, früher dem Fritz Herlin
zugefchrieben, N. 96 wohl das Altargemälde, N. 95 die zugehörige Predella
(vgl. Waagen, Kunftwerke und Künftler in Deutfchland I, 192). Auf der erften
Tafel find vier Gruppen dargeftellt, erklärt durch Infchriften. Links oben:

---

1) In Markgraf's Katalog fteht Yfathar; er nennt das Bild Ifidor und Sufanne.
2) Waagen, Kunftwerke und Künftler in Deutfchland I. 186 lieft Helmeira.
3) Markgraf: chemelia.

Stallanus, Emerencia, Anna; rechts oben: Hismeria, ein swester anne, Elifabeth, Eliud; links unten: Servatius episcopus, Memelia; rechts unten: Zacharias, Elifabeth, Johannes Baptifta. Das Predellenbild zeigt zwei Gruppen mit den Infchriften: Maria cleophas, vir alpheus, Jacobus minor, Symon, tatheus, Jofeph Juftus, und: Maria Salome, vir zebedeus, Johannes, Jacobus major. Wir lernen alfo hier noch den Vater Anna's unter dem Namen Stallanus, die Mutter als Emerentia, bezeichnet kennen. Auch diefe Namen fcheinen durchaus nicht bloß von der Unwiffenheit des Künftlers Zeugniß abzulegen; noch im fiebzehnten Jahrhundert, als der Maler Michael Willmann nach 1692 im Ciftercienferklofter zu Grüffau (Schlefien) den Stammbaum Chrifti malte, nannte er die Eltern der h. Anna Stolanus (!) und Emerentia.

Auf den Gemälden an den Außenfeiten der Flügel des Sippenaltars der Elifabethkirche zu Marburg von 1515 wird der Gemahl der Hysmeria Efraym, die Gemahlin des Eliud Emerencia genannt. Ich führe diefe Beifpiele nur an, um zu zeigen, daß man über die Genealogie der h. Sippe im Mittelalter durchaus nicht ganz einig war.

Die einfachere Form der Darftellung ift:

7. Anna mit ihren drei Gemahlen; Maria mit dem Kinde und Jofeph; Maria Cleophas mit ihren vier Kindern, die oft noch durch Attribute charakterifirt werden (Jacobus der jüngere durch die Walkerftange, Jofeph Juftus durch das Schwert, Simon durch die Säge, Juda durch die Keule), in Begleitung ihres Gemahls Alphaeus; Maria Salome mit ihrem Gemahl Zebedaeus und den Kindern Jacobus major (Mufchelhut, Reifetafche, Steckenpferd) und Johannes evangelifta (Kelch). Diefe Darftellung finden wir auf dem oben erwähnten Gemälde Perugino's in Marfeille, nur mit der Abweichung, daß Cleophas und Salome fehlen. Diefelben Geftalten find auf dem Innsbrucker Gemälde des Sebaftian Schel (1517) fortgelaffen; der Künftler macht übrigens das Verfehen, den Gemahl der Maria Cleophas als Zacharias zu bezeichnen (Lützow's Ztfchr. IV, 175). Ähnlich componirt ift das Altarbild von Quentin Maffys in der Peterskirche zu Löwen (abgeb. Dohme, Kunft und Künftler I, Qu. Maffys 29). Auch hier fehlt Cleophas und Salome. Das Gemälde dagegen des Lorenzo de' Fafoli im Louvre, fowie das des unbekannten Meifters im Dome zu Afti fchließen fich der oben bezeichneten Gruppirung genau an. Von deutfchen Werken erwähne ich die zwei Altäre des Lübecker Mufeums N. 6 und 9 ¹), das Sippenbild von 1525 in der Peterskirche zu Friefach, einen gefchnitzten Altar in einer der füdlichen Capellen der S. Sebalduskirche zu Nürnberg, den Schnitz-

---

1) Vgl. Verzeichnifs der lübeckifchen Kunftalterthümer, welche fich im oberen Chor der St. Catharinenkirche befinden. Lübeck 1855.

altar des Martin Schaffner von 1521 im Münſter zu Ulm (Preſſel: Ulm
und ſein Münſter, p. 108, die Gemälde der Flügel ſind abgebildet bei
Heideloff, die Kunſt des MA. in Schwaben I, XXV), den Schrein des
Schnitzaltars in der Eliſabethkirche zu Marburg (abgeb. bei E. Eörſter,
Denkm. etc. II, Bildnerei), im Kölner Muſeum den Altar der Familie
Hackenay (N. 199), den Ernſt Förſter im zwölften Bande der Denkmäler
abbildet, und N. 547 und 585 u. f. w. Andere Beiſpiele habe ich noch
im Anzeiger f. K. deutſcher Vorzeit 1870, p. 315 angeführt. Es ſind
alſo immer ſechs (reſp. vier) Männer, vier Frauen und ſieben Kinder.

8. Noch ſchwieriger wird die Erklärung, wenn auch noch die übrigen Ver-
wandten mit dargeſtellt ſind. Nicht immer iſt Johannes der Täufer durch
das Attribut eines Lammes bezeichnet, wie auf dem Schnitzaltar, der aus
dem Beſitz des Freiherrn von Minutoli in das ſchleſiſche Provincial-
muſeum übergegangen iſt, und auch der h. Servatius iſt nur hin und
wieder durch eine Biſchofsmütze oder das Attribut des Schlüſſels (Kölner
Muſeum N. 181) gekennzeichnet. Es treten dann zu den ſchon
benannten Geſtalten noch hinzu: Ismeria, Eliſabeth, Zacharias, Johannes
Baptiſta, Eliud, Enim, Memelia und Servatius, drei Frauen, drei Männer
und zwei Kinder, ſo daſs die Darſtellung der großen Sippe im Ganzen
fünfundzwanzig Perſonen enthält. Vollſtändig vertreten finden wir die
große Sippe auf dem Epitaphiumsbilde des Johannes Löffelholz († 1504)
in der S. Sebalduskirche zu Nürnberg (vgl. Waagen a. a. O. 166), in
den Gemälden des Kölner Walraff-Richartzmuſeum N. 107 [1]) und 559 [2],
auf den Malereien der Flügel des Marburger Sippenaltars und des Breslauer Marienaltars (abg. Schleſiens Vorzeit I. Taf. 20). Einzelne Perſonen fehlen auf dem Schnitzaltar des Breslauer Muſeums N. 6976, dem
Kölner Gemälde N. 181 [3]), dem Lübecker Altar N. 3. Aehnliche Darſtellungen habe ich noch an der obenbezeichneten Stelle des Anzeigers
beſchrieben.

Die Künſtler des Mittelalters haben alſo nicht, wie ſo manche Erklärer ähnlicher Darſtellungen oft verſichern, allein fromme Zuſchauer mit der h. Sippe
in Verbindung vorführen wollen, ſondern jede Geſtalt hatte für ſie eine vollaus-
geprägte Bedeutung [4]).

1) In dem Katalog (Köln 1869) p. 21 iſt für Emry Enym zu leſen.

2) Dies Bild enthält gar 26 Perſonen, da noch der Gemahl des Esmeria Eſſra(ym) zuge-
ſetzt iſt; derſelbe Namen begegnet uns, wie oben bereits bemerkt, auch auf den Flügelmale-
reien des Marburger Altares; auf dieſem Bilde fehlt dagegen Enim.

3) Der Knabe, der einen Schlüſſel trägt und einen Drachen niederſtöſst iſt weder Georg
noch gar Petrus (vgl. Kat. p. 36) ſondern Servatius.

4) Mrs. Jameſon geht in den Legends of the Madonna ſehr flüchtig über dieſe Fragen
hinweg (fifth Edition p. 262), ihre Bemerkung jedoch, dafs die meiſten dieſer Darſtellungen

Der gefammte Stammbaum Chrifti wird häufig, zumal im 15. Jahrhundert dargeftellt. Von Jeffe aus rankt fich der Baum empor, die Bilder der Vorfahren des Heilands zeigend. Die ältefte mir bekannte Darftellung der Wurzel Jeffe findet fich an der gegen Anfang des dreizehnten Jahrhunderts gemalten Decke der Michaelskirche zu Hildesheim und in dem Glasgemälde des Domes zu Le Mans aus derfelben Zeit. Von Denkmälern des fpäteren Mittelalters erwähne ich das Gemälde aus der Schule des Gerard David, jetzt im Befitz des Mr. J. G. Gardner in London (Crowe 354), eine Tafel des Breslauer Mufeums, datirt 1506 (No. 4393), vgl. auch den Kupferftich eines unbekannten Meifters — B. VI. 58 und die Umrahmungen zweier Altäre, des einen zu Calcar, des andern in Xanten, fowie die hübfche Verwendung der Wurzel Jeffe zur Decorirung eines Kirchen-Kronleuchters (Aus'm Weerth a. a. O. Taf. XIII. XX. XVI. I).

V. *Joachim und Anna im Tempel Tauben zu opfern:*

Ottaviano Nelli an der Decke der Capelle des Palazzo del Governo zu Foligno 1424 (Crowe IV. 101).

VI. *Joachim's Opfer verworfen:*

Giotto in der Arena-Capelle zu Padua (Public. d. Arundel-Society I; Photogr. von Naya; Crowe I. 229; Ruskin, Giotto and his Works in Padua 51).

Taddeo Gaddi in de Baroncelli-Capelle in Sta. Croce zu Florenz (Crowe I. 291; Photogr. von Alinari; Holzfchn. bei Jamefon, Legends of the Madonna 142).

Agnolo Gaddi in der Capella della sacra cintola der Pieve zu Prato (Crowe II. 41).

Giovanni da Milano 1337 in der Rinuccinicapelle in Sta. Croce zu Florenz (Crowe I. 338; Photogr. von Alinari).

Giusto di Giovanni Menabuoi 1367 in der National-Galerie zu London (Crowe II. 409).

Bartolo di Maestro Fredi, Altarbild in S. Francesco zu Montallino 1388 (Crowe II. 321).

Franc. Bonsignori (?) in S. Zeno zu Verona (Crowe V. 500).

Domenico Ghirlandajo in St. Maria Novella zu Florenz (Crowe III. 237).

Calisto da Lodi in der Incoronata zu Lodi (Crowe VI. 500).

Deutfche Darftellungen diefer Scene find mir wenige bekannt, außer den Schnitzereien eines Altares in Calcar und Xanten (Ernft aus'm Weerth a. a. O. Taf. XIV und XX) nur der linke Flügel des von Ernft Förfter publicirten, fchon mehrmals erwähnten Sippenaltares der Elifabethkirche zu Marburg. In der Mitte des Bildes weift der von einem anderen Priefter begleitete Hohepriefter das Lamm, welches Joachim darbringt, zurück; hinter letzterem fteht die weinende

---

zwifchen 1505 und 1520 entftanden, ift gewifs im Allgemeinen zu beftätigen. Allerdings rührt das obenerwähnte Wandgemälde von Michael Willmann erft aus dem Ende des fiebzehnten Jahrhunderts her, fteht jedoch ziemlich vereinzelt da.

Anna mit einer Begleiterin. Rechts vom Priefter ein grauköpfiger Mann, der an der Hand einen Knaben führt und ein Lamm darbietet; hinter ihm noch zwei Männer. Im Hintergrunde nochmals Anna und Joachim auf einer Höhe ftehend; daneben zwei Schäfer.

Quentin Massys, Altar in der Peterskirche zu Löwen (abgeb.: Dohme, Kunft und Künftler I; Qu. Massys 32).

Von Kupferftichen und Holzfchnitten kenne ich:

Israel von Meckenen, K. — B. 3o.

Albrecht Dürer. H. — B. 77.

Albrecht Altdorfer, Holzfchn. — B. 3.

Glasgemälde im Dome zu Le Mans, 13. Jhdt.

VII. *Joachim geht zu feinen Heerden.*

Giotto in der Arenacapelle zu Padua (Holzfchn. d. Arundel Society; Photogr. von Naya; Crowe I. 229; Ruskin a. a. O. 52).

VIII. *Der Engel Raphael erfcheint der h. Anna.*

Giotto in der Arenacapelle zu Padua.

Agnolo Gaddi in der Capella della sacra cintola der Pieve zu Prato. (Crowe II. 41).

Bernardo Luini. Mailand, Brera (Holzfchn. bei Jamefon a. a. O. 137).

Glasgemälde im Münfter zu Ulm. Der Engel naht fich der Heiligen im Garten; auf einem Lorbeerbaum niftet ein Sperlingspaar (Preffel, Ulm u. f. Münfter 95).

IX. *Der Engel erfcheint dem Joachim.*

Giotto in der Arena-Capelle zu Padua.

Taddeo Gaddi in der Baroncelli-Capelle von Sta. Croce zu Florenz (Crowe I. 291; Photogr. von Alinari).

Agnolo Gaddi in der Cintola-Capelle der Pieve zu Prato (Crowe II. 41).

Ottaviano Nelli 1424, Decke der Capelle des Palazzo del Governo zu Foligno (Crowe IV. 101).

Francesco Bonsignori (?), Altar in S. Zeno zu Verona (Crowe V. 5oo).

Boccacino im Dome zu Cremona 1515 (Crowe VI. 510).

Glasgemälde im Münfter zu Ulm (Preffel, a. a. O. 95).

Quentin Massys, Altar in der Peterskirche zu Löwen (abgeb.: Dohme, Kunft und Künftler I, Qu. Massys 33).

Albrecht Dürer, Holzfchn. — B. 78.

Albrecht Altdorfer, Holzfchn. — B. 4.

X. *Das Opfer des Joachim.*

Giotto in der Arenacapelle zu Padua.

XI. *Die Begegnung an der Porta aurea.*

Griechifche Miniatur, abgeb. bei Cahier, Caractéristiques des Saints (Par. 1867) II. 700.

Glasgemälde im Dome zu Le Mans, 13. Jhdt.

Giotto in der Arenacapelle zu Padua.

Taddeo Gaddi in der Baroncellicapelle zu Florenz (Holzfchn. bei Mrs. Jamefon a. a. O. 145).

Agnolo Gaddi in der Cintola-Capelle zu Prato.

Giovanni da Milano 1337 in der Rinuccinicapelle (Sta. Croce, Florenz. Crowe I. 338; Photogr. v. Alinari).

Giusto di Giovanni Menabuoi 1337 in der National-Galerie zu London (Crowe II. 409).

Ottaviano Nelli 1424 in der Capelle des Palazzo del Governo in Foligno.

Bartolomeo Vivarini 1462, Altarbild in Sta. Formofa zu Venedig (Crowe IV, 41).

Filippino Lippi 1497, Galerie zu Kopenhagen (Crowe III, 196).

Boccacino 1515—17 im Dome zu Cremona. (Crowe VI, 510).

Juan de Borgogna, Fresko im Capitelfaale der Kathedrale zu Toledo 1508. (Waagen in Zahn's Jahrbüchern I, 323).

Deutfcher Holzfchnitt, 1460—70 (Holzfchn. d. Germ. Mufeums LXVII).

Albrecht Dürer, Marienleben, Holzfchnitt. — B. 79.

Albrecht Altdorfer, Holzfchn. — B. 5.

Hans Sebald Beham, Kupferft. 1530. — B. 21.

Rechter Flügel des Marburger Sippenaltars von 1511. In der Mitte die Begegnung Joachim's und Anna's, rechts die Verkündigung der Anna, links die des Joachim.

Hallftadter Schnitzaltar von 1515 cca. (Mitth. der k. k. Commiffion etc. III, Taf. I).

Glasgemälde im Ulmer Münfter.

XII. *Geburt der heiligen Jungfrau.* Gewöhnlich liegt Anna im Bett, und zwar in einem Zimmer; während einige Frauen ihr Effen bringen oder Wafch-waffer reichen, wird das Kind von anderen Frauen gebadet.

Miniatur des Menologium graecum, abg. b. Cahier a. a. O. II, 520.

Mofaik in Sta. Maria in Traftevere zu Rom. (Crowe I, 90).

Fresco des 12.—13. Jhd. (um 1300?) in Sta. Maria Novella zu Florenz. (Agincourt, Peinture, T. CIX und Jamefon, Madonna 147).

Diptychon des Vaticans (Agincourt CXIII, 1) 13.—14. Jhd.

Giotto in der Arenacapelle zu Padua.

Taddeo Gaddi in der Baroncellicapelle zu Florenz. (Rofini, ftoria della Pittura Italiana, Tav. XVII).

Agnolo Gaddi in der Cintolacapelle zu Prato.

Pietro Lorenzetti im Dome zu Siena. (Crowe II, 293).

Giovanni da Milano 1337 (nach E. Förfter 1371) in der Rinuccinicapelle zu Florenz. (Crowe I, 338. — Abg. in E. Förfter's Denkmalen italienifcher Malerei II, p. 19, Taf. X).

Antonio Vite im Dom zu Prato. (Crowe II, 72).

Pietro Lorenzetti, Altargemälde im Dome zu Siena 1342; hier ift fchon Joachim zugefügt. (Crowe II, 293).

Bartolomeo di Maeftro Fredi in S. Agoftino zu S. Gimigniano (Crowe II, 319) und deffelben Altarbild in S. Francesco zu Montalcino 1388. (Crowe II, 321).

Ottaviano Nelli an der Decke der Capelle des Palazzo del Governo zu Foligno.

Jacopo Bellini ehemals in S. Giovanni Evangelifta zu Venedig. (Crowe V, III).

Saffetta im Dom zu Asciano. (Crowe IV, 82).

Filippo Lippi, Tafelbild im Palazzo Pitti zu Florenz. (Crowe III, 66).

Bartolomeo Vivarini, Altarbild von 1462 in Sta. Formofa zu Venedig. (Crowe V, 41).

Domenico Ghirlandajo in Sta. Maria Novella, (abgeb. Crowe III, 240; Mrs. Jamefon, Madonna Taf. XV; Agincourt, Peinture, Taf. CLVII, 3): oben auf der Treppe des Wochenzimmers findet die Begegnung Anna's und Joachim's ftatt.

Boccacino im Dome zu Cremona. (Crowe VI, 510) 1515—17.

Girolamo del Pacchia in S. Bernardino zu Siena (abgeb. b. Crowe IV, 399. — Rofini, Storia della Pittura Italiana, Tav. CXLII).

Andrea del Sarto in Sta. Annunziata de' Servi zu Florenz (abgeb. b. Crowe IV, 588 und Dohme, Kunft und Kunftler, Andr. d. S. p. 25).

Francesco Torbido 1534 im Dome zu Verona. (Crowe V, 547).

Califto da Lodi in der Incoronata zu Lodi. (Crowe VI, 500).

Juan de Borgogna im Capitelfaale der Cathedrale zu Toledo 1508. (Waagen, Zahn's Jahrb. I, 323).

Antiphonar von S. Peter in Salzburg (abgeb. Mitth. XV, Taf. I).

Silberner Hausaltar von Maria Pfarr 1443 (abg. Mitth. XVIII, 206).

Holzfchnitt 1460—70 (Holzfchn. d. Germ. Mufeums, Taf. LXVIII).

Israel von Meckenen, Kupferft. — B. 31.

Albrecht Dürer, Marienleben. — B. 80.

Glasgemälde im Münfter zu Ulm. (Preffel, Ulm 95.

Hallftadter Altar 1515 (abg. Mitth. III, T. I).

Calcarer Altar. (Aus'm Weerth, T. XIV).

Xantener Altar (Ernft aus'm Weerth, T. XX).

XIII. *Mariae Tempelgang.*

Miniatur des Menologium graecum (Cahier a. a. O. I, 388). Maria fchreitet auf ebener Erde hin.

Diptychon des Vaticans, 12. od. 13. Jhd. (Agincourt, Peinture, Taf. CXIII, 2); nur 4 Stufen.

Giotto in der Arenacapelle zu Padua; 10 Stufen.

Taddeo Gaddi in der Baroncellicapelle zu Florenz. Maria fteigt die fünfzehn Stufen herab.

Agnolo Gaddi in der Cintolacapelle zu Prato.

Giovanni da Milano in der Rinuccinicapelle zu Florenz; 15 Stufen. (Photogr. von Alinari.)

Giuſto di Giovanni Menabuoi 1367 in der Nationalgalerie zu London. (Crowe II, 409).

Antonio Vite im Dom zu Prato. (Crowe II, 72).

Ottaviano Nelli in der Capelle des Palazzo del Governo in Foligno.

Domenico Ghirlandajo in Sta. Maria Novella zu Florenz.

Agoſtino Buſti, Sculptur in der Capella della Preſentazione des Domes zu Mailand (abg. bei Cicognara, Storia della Scultura Italiana, Tav. LXXVI); neun Stufen.

Lorenzo di Giacomo di Pietro Paolo in einer Capelle von Sta. Maria della Verità bei Viterbo 1469. (Crowe IV, 146).

Vittore Carpaccio in der Akademie zu Venedig (abg. bei Mrs. Jameſon, Madonna, p. 150); zehn Stufen.

Tiziano in der Akademie zu Venedig (abg. bei Roſini, Tav. CXXIV); 13 Stufen.

Baldaſſare Peruzzi in Sta. Maria della Pace zu Rom (abg. bei Roſini, Tav. CXLVI und Crowe IV, 413); 15 Stufen.

Palma Vecchio im Dome zu Serinalta. (Crowe VI, 535).

Girolamo Romanino zu Bieno im Val Camonica (Crowe VI, 454).

Sebaſtiano del Piombo in Sta. Maria del Popolo zu Rom. (Crowe VI, 396).

Francesco Torbido, Fresco im Dome zu Verona. (Crowe V, 547).

Juan de Borgogna 1508 im Capitelſaal der Cathedrale zu Toledo.

Marienaltar der S. Eliſabethkirche zu Breslau. Ende des 15. Jahrh. Malerei auf der Innenſeite des zweiten Flügelpaares. (Schultz, Geſch. d. Breslauer Maler-innung, p. 106),

Glasmalerei im Ulmer Münſter.

Tafelgemälde im Walraff-Richartz-Muſeum zu Köln N. 321, 15. Jhd.

Israel von Meckenen, Kupferſtich — B. 32.

Albrecht Dürer, Marienleben. — B. 81.

Albrecht Altdorfer, Holzſchn. — B. 6.

Marienaltar zu Xanten (E. aus'm Weerth, T. XX), 15 Stufen.

Marienaltar zu Calcar (E. aus'm Weerth, T. XIV), 15 Stufen.

Marienaltar zu Hallſtadt (Mitth. d. k. k. Comm. III, 23).

XIV. *Maria im Tempel betend:*

Malereien an den Innenſeiten der äußeren Flügel des Marienaltars der S. Eliſabethkirche zu Breslau.

Bernardino Pinturicchio in Sta. Maria del Popolo zu Rom (abg. bei Mrs. Jameſon, Madonna, T. I).

XV. *Maria im Tempel arbeitend:*

Am Spinnrocken spinnend:

Glasgemälde im Münfter zu Ulm.

Priefterliche Gewänder zubereitend:
Jacopo Bellini, ehemals in S. Giovanni Evangelifta zu Venedig.

XVI. *Werbung um Maria:*
Glasgemälde im Münfter zu Ulm.

XVII. *Maria vor dem Hohenpriefter:*
Bernardo Luini in der Brera zu Mailand (abgeb. bei Mrs. Jamefon, Madonna, p. 156).

XVIII. *Die Stecken der Freier Maria's werden dem Hohenpriefter gebracht:*
Giotto in der Arenacapelle zu Padua.

XIX. *Das Orakel, dafs der Stab des erwählten Freiers grünen werde:*
Glasgemälde im Münfter zu Ulm.

XX. *Gebet in Erwartung des Wunders:*
Giotto in der Arenacapelle zu Padua.

XXI. *Die Vermählung Mariae* (Spofalizio). Die italienifchen Maler laffen meift die enttäufchten Freier ihre Stäbe zerbrechen:
Giotto in der Arenacapelle zu Padua.
Taddeo Gaddi in der Baroncellicapelle zu Florenz.
Der Stab des Jofeph grünt; die Taube hat fich auf ihm niedergelaffen.
Agnolo Gaddi in der Cintolacapelle zu Prato.
Giovanni da Milano in der Rinuccinicapelle zu Florenz (Photogr. von Alinari). Während der Trauung hält ein Jüngling den blühenden Stab des Jofeph.
Giovanni da Fiefole in der Akademie zu Florenz (abg. bei Mrs. Jamefon, Madonna, p. 157).
Lorenzo di Giacomo (da Viterbo) 1469, in Sta. Maria della Verità bei Viterbo (Crowe IV, 146; abgeb. bei Agincourt, Tav. CXXXVII und Rofini, Tav. CCIX).
Incognito nel Coro dei Francefconi preffo Spello. (Rofini LXIII).
Pietro Perugino im Mufeum zu Caën (Photogr.)
Francia Bigio in Sta. Annunziata de' Servi zu Florenz (Crowe IV, 511).
Raffael in der Brera zu Mailand (Photogr.; Stich von Longhi, Stang).
Vittore Carpaccio in der Brera zu Mailand (Crowe V, 217).
Girolamo Marchefi im Mufeum zu Berlin (Crowe V, 642).
Girolamo Romanino in S. Giovanni Evangelifta zu Brescia (Crowe VI, 446).
Bernardo Luini in Saronno (Chromolith. der Arundel-Society).

Das Stabbrechen findet nicht ftatt:

Andrea da Cione (Orcagna), Sculptur am Tabernakel von Or San Michele zu Florenz (Photogr. v. Alinari).

Bernardino Pinturicchio in Sta. Maria del Popolo zu Rom (Crowe IV, 272, abgeb. bei Mrs. Jamefon, Madonna, Taf. XVI).

Boccacino wohl in dem Dome zu Cremona (Rofini, Tav. LXXV).

Agoftino Marti in S. Michele zu Lucca (Rofini, Tav. CXLIX).

Genauere Befchreibungen fehlen mir für die Darftellung des Spofalizio von Giovanni da Milano 1337 in der Rinuccinicapelle zu Florenz (Crowe I, 338). von Bartolo di Maeftro Fredi, Altarbild im S. Francesco zu Montalcino 1388 (Crowe II, 321), Giufto di Giovanni Menabuoi in der Nationalgalerie zu London (Crowe II, 409), Antonio Vite im Dome zu Prato (Crowe II, 72), von Ottaviano Nelli in der Capelle des Palazzo del Governo zu Foligno, von Jacopo Bellini ehemals in S. Giovanni Evangelifta zu Florenz, Domenico Ghirlandajo in Sta. Maria Novella zu Florenz, Francesco de Vico in S. Pietro in Geffate zu Mailand (Crowe VI, 77), Benedetto Coda im Dome zu Rimini (Crowe V, 634), Vincenzo Ainemolo in Sta. Maria degli Angeli zu Palermo (Crowe VI, 152).

Die deutfche Kunft des Mittelalters hat diefen Stoff nur felten behandelt. Mir find nur bekannt:

Meifter von Werden, 1480 in der Münchener Pinakothek (Förfter, Denkm. deutfcher Kunft VII, Malerei). Maria und Jofeph knieen beide.

Gemälde aus der Schule des Dierick Bouts, im Befitz des Prof. Sepp in München (Crowe 333).

Marienaltar der Elifabethkirche zu Breslau.

Israel von Meckenen, Kupferft. — B. 33.

Albrecht Dürer. Marienleben. — B. 82.

Glasgemälde im Münfter zu Ulm.

Schnitzaltäre in Calcar und Xanten (E. aus'm Weerth, T. XIV u. XX).

XXII. *Die Heimkehr von der Trauung.*
Giotto in der Arenacapelle zu Padua.

XXIII. *Die Jungfräulichkeit Mariae* wird ausgedrückt durch einige ganz allgemein verbreitete Symbole.

1. Das Einhorn im Schooße der Jungfrau. Schon Wolfram von Eschenbach fagt im Parzival 482, 24:

> ein tier heizt monîcirus:
> daz erkennt der meide rein fô grôz
> daz ez flaefet ûf der meide fchôz.

(Vgl. die Phyfiologi und Beftiarien).

Sculptur an der Confole der Kirche zu Neuberg in Steiermark (abg. Mitth. I, 7).

Holzfchnitt von 1470 (Holzfchn. d. Germ. Mufeums LXII).

Giovanni Maria Falconetti im Oratorio del R. Liceo zu Verona (Crowe V, 499).

Pierre Francheville († 1630), Sculptur in Sta. Croce zu Florenz (Cicognara, Storia della fcultura italiana, Tav. LXIX).

2. Die Porta Claufa des Ezechiel, Mofes' brennender Bufch, die blühende Ruthe Aarons und das Vließ Gideons.

Flügel eines Altares in Gandau (Kr. Breslau) gemalt um 1500, folgender Geftalt:

A. Maria mit dem Kinde. Umfchrift (a):

S. [1]) maria . ftella . maris .
dignitate . fingularis .
fuper . omnes . ordines .
ordines . celeftium .
in . ‖ fuperno . fita . poli .
nos . commenda . tue . proli .
ne . terrores . fiue . ‖ doli .
nos . fupplantant . hoftium .

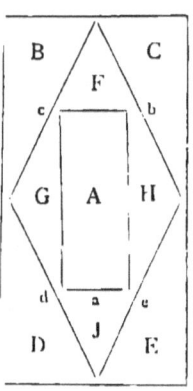

B. Mofes im feurigen Bufche
C. Ezechiel mit der Porta Claufa .
D. Gideon mit dem Vließ .
E. Aaron mit der blühenden Ruthe .
F. die Jungfrau mit dem Einhorn im Schooße. Infchrift (b).
Virgineis . dictis [capitur] cor . rinocerontis . [2])
G. Der Phoenix in Flammen. Infchrift (c):
Fenix . flamma . ardens . fu ∪ − ∪ ∪ corda . perurens .
H. Der Pelikan mit feinen Jungen. Infchrift (e):
Nimis . en . alitis . vefcitur . fanguine . proles .
I. Der Löwe mit feinen drei Jungen. Infchrift (d):
Sum. leo . voce . pia . qui . me . petit . ecce . maria .

Ein ganz ähnliches Gemälde findet fich in der Lorenzkirche zu Nürnberg und dient da als Epitaphiumsbild des 1461 verftorbenen Profeffors der Theologie Friedrich Schon.

A. die Geburt Chrifti.

B. Mofes am feurigen Bufch. Infchrift:
Rubus igneseit nec non minus igne calefcit.

C. Aaron mit dem blühenden Reis:
Hec contra morem produxit virgula florem.

D. Gideon mit dem Vließe:

---

1) Schon des Metrums wegen ift zu lefen: O. Maria etc.
2) Für dictis ift wohl zu lefen: digitis; die Verwechfelung von monoceros und rhinoceros ift ganz gewöhnlich.

4*

Hec madet tellus fed permanet arida vellus,

E. Die Porta claufa des Ezechiel:

Hec porta claufa non permanfit fine caufa.

F. Pelican:

Vivificans parvulos proprio fanguine pellicanus.

G. Einhorn:

Virgineis digitis capitur ᴗ ᴗ fit fera mitis [1]).

H. Phoenix:

Cum fenix fenefcit per ignem fe iuvenefcit.

I. Löwe:

Leo fuos catulos excitat rugitu cum potenti.

Ein drittes Beifpiel bietet die Epitaphiumstafel des Ulrich Stark († 1478) in der Sebalduskirche zu Nürnberg. Die Infchriften find hier deutfch abgefaßt. Ein ähnliches Gemälde wird erwähnt von Müller und Mothes als im Privatbefitz in Cleve befindlich (Archaeol. Wörterbuch 653). — Der Löwe Phoenix und Pelican hat natürlich fymbolifche Beziehung zu dem Chriftuskinde [2]). Der brennende Bufch des Mofes allein ift auf dem dem Könige René zugefchriebenen Altar von Aix dargeftellt (abgeb. Millin, Atlas pour fervir au voyage dans les départements du midi de la France, T. XLIX). Mofes, von feiner Schafheerde umgeben, ift im Begriffe, fich die Schuhe auszuziehen; der Engel naht fich ihm und weift auf den brennenden Bufch hin, in dem Maria mit dem Kinde thronend erfcheint. Auf den beiden Nürnberger Bildern find überdies noch an den Ecken der aufrechtftehenden Raute die Evangeliftenfymbole in Medaillons angebracht. Die frühefte mir bekannte Behandlung diefes fymbolifchen Stoffes zeigte ein Gemälde, das für S. Martin in Ypern beftellt, Jan van Eyck bei feinem Tode 1440 unvollendet zurückließ. Die Mitteltafel ftellte die Jungfrau mit dem Kinde dar; auf den Flügeln waren Mofes, Gideon, die Porta Claufa und Aaron gemalt. Eine Copie im Befitz von Herrn Schollaert in Löwen. (Crowe u. Cavalcafelle, altniederl. Malerei 123).

XXIV. *Die jugendliche jungfräuliche Maria* wird auch betend im fünfzehnten Jahrhundert öfter dargeftellt im Aehrenkleide. Es ift dies ein blaues (oder grünblaues) Gewand geftickt mit goldnen Ähren:

— — — — —

1) In dem von G. Heider im Arch. f. oeft. Gefchichtsquellen 1850, Bd. II, veröffentlichten Phyfiologus lautet der Vers (p. 556)

Virgineis digitis capienda fit hic fera mitis.

2) Doch finden wir auch diefe Thiere als Symbole der Jungfräulichkeit Mariae gebraucht. Heider theilt (a. a. O. 553 und 576) Verfe aus einem xylographifchen Werke der Gothaer Bibliothek »Defenforium beatae Mariae Virginis« mit

Leo si rugitu proles suscitare valet (wohl valeret)

cur vitam a spiritu virgo non generaret.

und　　Pellicanus si sangwine animare fetus claret

cur Christum puro ex sangwine virgo non generaret.

Ein Gemälde im Mufeum zu Freifing aus dem Anfang des 15. Jhd.; zu Brixen gekauft (Mitth. XI, p. XLIV).

Ähnliche Gemälde aus Salzburg und Umgegend erwähnt Schnaafe (Mitth. V, 207).

Zwei Gemälde des Mufeums zu Breslau (4431 und 4420), erfteres 1491 datirt. (Schultz, Bresl. Malerinnung 146).

XXV. *Maria im Gebet:*

Glasmalerei im Münfter zu Ulm.

XXVI. *Die Verkündigung.* Wie aus der Legende erfichtlich ift, kannte man eine doppelte Verkündigung; die erfte gefchah im Hofe, die zweite in dem Zimmer im Beifein der Freundinnen. Die italienifchen Maler haben mit Vorliebe die Verkündigung im Freien, Maria in einer offenen Halle, dargeftellt. Die deutfchen Meifter dagegen laffen die Scene am liebften in der Kammer vor fich gehen, haben aber meines Wiffens nie die Begleiterinnen Mariens mit dargeftellt. Da diefer Gegenftand zu allen Zeiten vielfach behandelt worden ift, führe ich nur einige befonders iconographifch merkwürdige Bildwerke an.

Elfenbeinrelief an einer Reliquientafel des Domes zu Agram, 10. oder 11. Jhdt., (abg. Mitth. VIII, T. 8). Maria fitzt und ftreckt die rechte Hand geöffnet vor; der Engel fteht, mit der Rechten gefticulirend, mit der Linken ein langes Sceptrum tragend.

Diptychon in Bamberg, Zeit Heinrich's II. (abgeb. b. Förfter, Denkm. II), Maria fteht, die Hände geöffnet; der Engel fchreitet auf fie zu, mit einer Hand gefticulirend.

11. Jhd. aus einem Exultet des Domes zu Pifa (nella Primaziale, Rofini, Tav. B.). Der Engel fchreitet zur Maria heran, mit der einen Hand die Rede eindringlich unterftützend, nicht fegnend[1]), in der andern ein Scepter tragend; Maria mit Rocken und Spindel befchäftigt, wendet fich nach ihm um.

Miniatur des Wifchrader Codex in der Univerfitätsbibliothek zu Prag, 11.—12. Jhd. (abg. Mitth. V, 16). Der Engel fchreitet auf Maria zu, in der Linken trägt er ein Kreuzesfcepter, mit der Rechten gefticulirt er; zwifchen ihm und Maria, die fitzend ihn empfängt, die flache Rechte vorgeftreckt, mit der Linken ein Buch haltend, ift ein Altar. Ein Altar zwifchen beiden Geftalten auch auf den Wandmalereien im Nonnenchore des Domes zu Gurk (abgeb. Mitth. XVI, 137) und auf dem Relief am Campanile zu Spalato (abgeb. Jahrb. V, 242). Der Engel trägt ein Kreuz in der Hand auf dem Relief an der Holzthür von Sta. Maria in Capitolio zu Cöln. (E. aus'm Weerth, T. XL.).

12. Jhd. Maria fitzt und fpinnt, Thürflügel von S. Zeno zu Verona. (Mitth. X, 126).

---

1) Ueber die Handbewegung, welche gewöhnlich für die des Segnens angefehen wird, die aber vielmehr nur eine die Rede eindrücklich unterftützende Gefticulation ift vgl. meine Abh.: Quid de perfecta corporis humani pulchritudine Germani faeculi xij[mi] et xiij[eii] fenferint (Vratisl. 1866) p. 28.

Maria fpinnend. Griechifche Broncelampe, abg. bei Cahier, charactériftiques des Saints I, 438.

Elfenbeinrelief zu Trier, 12. Jhd. (E. aus'm Werth, T. LVIII, 4). Der Engel ohne Spruchband fchreitet auf Maria zu, die vom Stuhle aufge-ftanden ift und eine Spindel hält.

Relief am Georgenchor des Domes zu Bamberg (abg. E. Förfter's Denkm. III). Maria ftehend, die Krone auf dem Haupte; der Engel ftehend, in der einen Hand das Spruchband, mit der andern die Rede begleitend.

Während in den älteren Darftellungen der Engel fteht oder heranfchreitet, kniet er fpäter vor der Madonna oder fliegt zu ihr herab.

Giotto in der Arenacapelle zu Padua.

Donatello, Relief in Sta. Croce zu Florenz (abgeb. Dohme, Kunft und Künftler, Donatello 60). Maria ift vom Seffel aufgeftanden und hält mit der Linken ein Buch, die Rechte aufs Herz gepreßt.

Relief am Marienaltar des Breslauer Mufeums (abg. bei Förfter, Denkm. VI). Maria kniet an einem Betpult. Molanus (Hist. SS. Imaginum L. II, Cap. XIX), In hiftoria incarnationis dominicae Evangelia non exprimunt, quid egerit beatissima Virgo cum Archangelus Gabriel intraret eam salutans; steteritne an sederit, an vero stans flexis genibus meditationibus fuerit intenta. — — Probabile vero est, quod flexis genibus superbenedicta Virgo eo tempore se occupaverit in redemp-tionis nostrae meditatione.

XXVII. *Mariae Empfängnifs.*

Meift verbunden mit der Verkündigung:

Miniatur in Werinhers von Tegernfee, Marienleben (abgeb. b. Otte, Kunft-archaeologie 676). Der Engel, mit der erhobenen Rechten gefticulirend, bringt die Botfchaft der Maria, welche bei der Arbeit fitzt und fich nach ihm um-wendet. Ein Korb mit Wollknäueln fteht neben ihr. Die Taube des h. Geiftes fchwebt fenkrecht auf ihr Haupt herab. Sie empfängt die Botfchaft mit offener Hand.

Email des Klofterneuburger Altars 1181 (Mitth. des Alterthums-Vereins zu Wien. IV. T. II, 2), der Engel fchreitet auf Maria zu, in der Linken das Spruchband mit dem englifchen Gruße; von feiner Rechten geht ein Strahl aus nach Maria's rechtem Ohr. Auf dem Mettlacher Reliquienfchrein (Otte und Quaft, Zeitfchr. f. chriftl. Arch., T. 15 u. 16.) eine ganz ähnliche Darftellung: auf Maria fchwebt fchräg die Taube herab.

Miniatur in der Münchener Biblia Pauperum, Mitte des 14. Jhdt. (abgeb. Jahrb. V, T. V). Gabriel kniet vor der ftehenden Maria, in der Linken das Spruchband, mit der Rechten gefticulirend. Die Taube des h. Geiftes fliegt nach dem Ohre der Jungfrau. Oben reicht Gott Vater aus den Wolken das nimbirte Chriftuskind ihr dar.

Als Beifpiele für die Erfcheinung des h. Geiftes giebt Mrs. Jamefon Abbil-dungen p. 163, 169, 172 (Simone Martini), Otte (Handb. 741) einen Stich nach Schongauer etc.

Spinello Aretino in Sta. Annunziata zu Arezzo. (Crowe II, 181); der h. Geift und des Heilands Embryo fteigt auf Maria herab, ausgehend von Gott Vater.

Giovanni Santi in der Brera zu Mailand (Crowe III, 374). Maria fteht, die Hände über der Bruft gekreuzt und fich vorbeugend, in einer offenen Loggia. Der Engel naht fich ihr; er trägt einen Lilienftengel in der Hand. Oben links erfcheint im Nimbus Gott Vater, von dem das Chriftuskind, das Kreuz tragend, zu Maria auf einer Wolke herabfteigt. (Photogr.). Vgl. Pordenone's Fresco in Vacile. (Crowe VI, 298).

Silberner Altar von Maria Pfarr, 1443. (Mitth. XVIII, 206). Der Engel kniet, in der Linken das Spruchband, mit der Rechten gefticulirend, vor Maria, die felbft, die Hände über die Bruft gekreuzt, an einem Betfchemel kniet; oben ift Gott Vater fichtbar, von deffen Munde ein Strahl mit der Taube des h. Geiftes ausgeht.

Bemalte Terracotta d. 16. Jhd. zu Eltenberg (E. aus'm Weerth, T. I, 5), Verkündigung; zum Fenfter hinein kommt gegen Maria's Haupt ein Strahl, auf dem der h. Geift und ein winziges Kind herabzugleiten fcheinen.

Eine höchft eigenthümliche Darftellung der Conceptio finden wir auf einem Glasgemälde des 15. Jhd. in der Kirche zu Friedersbach bei Zwettel (abgeb. Mitth. XVII, p. CXL). Maria ift mit dem Handgelenke an einen Baum gefeffelt, an den der Engel Gabriel fie noch näher herandrängt; aus dem Baumeswipfel fchaut Gott Vater, kenntlich durch den Kreuznimbus, hervor, den Reichsapfel in der linken; unter ihm ift der h. Geift fichtbar und das nackte. aber ziemlich große Chriftuskind. Drei muficirende Engel vollenden die Gruppe.

Molanus verwirft diefe Darftellungen als ketzerifch (de hiftoria SS. Imaginum Lib. II, cap. XIII) (cum) in annunciatione Virginis parvulum puerum, formatum scilicet Jesum, (faciunt) mitti in uterum Virginis. quasi non esset de substantia Virginis corpus eius assumptum.

XXVIII. *Mariae Empfängnifs fymbolifch dargeftellt.*

Wir haben fchon oben an die Sage des Mittelalters erinnert, daß das fcheue Einhorn allein in den Schooß einer Jungfrau flüchte und fo gefangen werden könne. Wie diefe Sage auf Maria angewendet worden fei, ift gezeigt worden; das Einhorn in ihrem Schooße ift als Symbol ihrer jungfräulichen Reinheit an-zufehen. Man ging nun noch weiter: das Einhorn, das Schutz in ihrem Schooße fucht, bedeutet Chriftus; der Herr, auf deffen Befehl das Einhorn gejagt wird, ift Gott Vater; der Jäger endlich ift der Engel Gabriel. Konrad von Würzburg fpricht in feiner goldnen Schmiede diefen Gedanken V. 256 ff. aus: Dû vienge an eim gejegede Des himels einhürne, Der wart in daz gedürne Dirre wilden werlt gejaget Und fuochte, keiferlîchiu maget, In dîner fchôz vil fenftez leger. Ich meine dô der himel jeger, Dem undertân diu rîche fint, Jagte fîn einbornez kint Ûf erden nach gewinne. Dô in diu wäre minne Treip her nider balde Ze

maneger fünden walde, Dô nam ez, vrouwe, fîne vluht Zuo dir, vil faelden
rîche vruht, Und fluof in dînen buofen, Der âne mannes gruofen Ift lûter unde
lichtgevar.

Zuerft begegnet uns meines Wiffens diefe Darftellung auf den Stickereien
des im 13. Jahrhundert etwa angefertigten Antependiums des Nonnenftiftes Göß
in Steiermark (abg. Mitth. III, T. III). Zwifchen dem verkündigenden Engel
und der Jungfrau ift da ein kleines Einhorn angebracht.

Die einfachfte Darftellung diefer Scene bietet das Schnitzbild in dem großen
Marienaltar der Elifabethkirche zu Breslau [1]). Maria fitzt und hält in ihrem
Schooße das Einhorn; vor ihr fteht, durch die Porta claufa von ihr getrennt,
der Engel Gabriel, der ins Jagdhorn bläft. Im Hintergrunde ift die Turris Davidica (Cant. cant. IV, 4) und die Turris eburnea (Cant. cant. VII, 4) angebracht;
andre Symbole fcheinen verloren. Ende des 15. Jhd.

Reicher erfcheint die Darftellung auf dem von H. Otte (N. Mitth. des Thü-
ringifch-fächfifchen Vereins, V. 1, p. 111 ff.) befchriebenen Gemälde von 1515
im Dome zu Merfeburg. Maria fitzt in einem von einer achteckigen Mauer
umfchloffenen Garten (Hortus conclufus. Cant. cant. IV, 12); die Porta claufa,
Turris eburnea und Davidica etc. find angebracht. Gabriel erfcheint als Jäger
mit Hüfthorn, begleitet von vier Hunden, die als Jufticia, Mifericordia, Pax und
Veritas (Pf. LXXXV, 11) bezeichnet find. Als weitere Symbole find zugefügt
die Urna aurea, Archa foederis, das Vellus Gedeonis (Ind. VI, 37—40), der
Fons fignatus (Cant. cant. IV, 12), Rubus Moifi, die Virga Aaron und Stella
Jacob. Die Symbole find von Otte erläutert (vgl. auch W. Grimm, Einl. zu
Konrad von Würzburg's goldner Schmiede XXXI ff.).

Ganz ähnlich fcheinen die Malereien der Außenflügel eines Altares in
Braunfchweig angelegt, die von Vulpius in den Curiofitäten VI, 138 befchrieben
werden. (Joh. Raphon, Braunfchweiger Mufeum N. 353). Ein andres der-
artiges Bild hing ehemals in der Kirche zu Grimmenthal und ift dann in das
Schloß zu Gotha gekommen. (Otte, a. a. O. 113, abgeb. in Rudolphi, Gotha
diplomatica II, 310). Nach Otte follen vier folcher Gemälde in der Vorhalle ,des
Weimarer Archives fich befinden; Vulpius kennt deren nur zwei (a. a. O. 137,:
eins derfelben hat er in den Curiofitäten VI, T. 4 abbilden laffen. Es unterfcheidet fich dies Bild von dem oben erwähnten Merfeburger dadurch, daß
Gabriel den Jagdfpieß außer dem Horn führt; im Himmel wird Gott Vater fichtbar, von dem Strahlen ausgehen, auf denen das Kind mit dem Kreuze und die
Taube des h. Geiftes auf Maria herabfchweben. Einen Holzfchnitt aus dem Werke

---

1) Dies Schnitzwerk fcheint Mrs. Jamefon (p. 170) zu erwähnen; fie irrt jedoch, denn auf
unfrem Bilde fehlen die Hunde, deren fie gedenkt. Ein andres Werk diefer Art ift aber in
Breslau nicht vorhanden.

«der befchloffene Gart, 1505» theilt Cahier (charactériftiques des Saints I, 45) in Abbildung mit. Hier hat jedoch Gabriel nur drei Hunde. — Die Jagd des Einhorns durch den Himmelsjäger ift auch in den Zwickeln des dem König René zugefchriebenen Altares zu Aix gemalt (abgeb. Millin, atlas pour fervir au voyage dans les départements du midi de la France, Par. 1807. — T. XLIX. — Nur drei Hunde).

Nach Mrs. Jamefon (p. 170) finden fich ähnliche Darftellungen an dem Chorgeftühl von Amiens, fowie auf einem Gemälde im Dome zu Amiens. Von den zahlreichen alten franzöfifchen und deutfchen Drucken, welche fie erwähnt, ift es mir nicht gelungen, in Bartfch's Peintre Graveur nur einen aufzufinden.

XXIX. *Maria fchwanger:*

12. Jhd. Relief eines Pilaftercapitäls in S. Andrea zu Piftoja von Magifter Enricus, darftellend die Verkündigung; das Kind ift fchon im Leibe der Maria fichtbar.

Eine Holzftatue der Maria, 15. Jhd., jetzt in der Krypta der Peter-Pauls-kirche zu Görlitz. Auf dem Leibe ift eine Glasfcheibe angebracht, durch die man das Kind erblickt. (Büfching, Görlitz). Andre Beifpiele bei Otte, IIdb. d. Kunft-Arch. 901).

Glasgemälde in der Kirche zu Jouy (Arrondiffement de Reims), 16. Jhd. (abg. Didron, Iconographie 287).

Limoufiner Email im Befitz des Abbé Texier, 15. Jhd. befchrieben Didron, a. a. O. 288, Anm.

XXX. *Maria's Befuch bei Elifabeth:*

Die älteren Bildwerke ftellen nur die beiden Frauen dar, und zwar fich umarmend. So die Reliefs auf den Bronzethüren zu Nowgorod um 1160 (abg. bei Otte, Kunftarch. 901, Pifa (Phot., abgeb. bei Ciampini Vetera Monumenta II, Tav. IX), und Benevent (Phot.), die Miniatur in der Mater verborum des Prager Mufeums (13. Jhd.; abgeb. Mitth. V, 36) u. f. w. Noch Raffael hat in feinem Gemälde der Vifitatio, das fich jetzt in der Galerie zu Madrid befindet, nur beide h. Frauen ohne jede Begleitung vorgeführt, ebenfo Mariotto Alberti-nelli in der fchönen Heimfuchung, die in der Galerie der Uffizien zu Florenz bewahrt wird (vortreffliche Chromolithographie der Arundel-Society; Holzfchn. bei Crowe IV, 493).

Schon Andrea Pifano giebt auf den Reliefs der Bronzethür vom Bapti-fterium zu Florenz der Maria eine Begleiterin (abgeb. bei Cicognara, a. a. O., Tav. XXXIII). In der Darftellung des Taddeo Gaddi in der Baroncellicapelle ift jede der heiligen Frauen von einer Magd begleitet (Phot.).

Auf dem von d'Agincourt (Peinture, Tav. XCIII) dem Angelus Bizamanus zugefchriebenen Gemälde ift Maria von zwei Frauen, wohl ihren Schweftern und einem bärtigen Manne begleitet; fie reicht der knieenden Elifabeth, hinter der noch drei Mädchen ftehen, die Hand. In dem bärtigen Begleiter Maria's werden wir wohl Zacharias zu erkennen haben. Ganz ähnlich difponirt ift das Gemälde des Giovanni Santi in Sta. Maria Nuova zu Fano. (Crowe III, 365; abgeb. bei Rofini, Tav. CCVI). Domenico Ghirlandajo giebt auf dem bei d'Agincourt, Peinture T. CLVII, abgebildeten Werke, das nach des Verfaffers Angabe eine Nachbildung des Frescos in Sta. Maria Novella zu Florenz fein foll, wahrfcheinlich jedoch das Bild im Louvre reproducirt (vgl. Crowe III, 237, 251), der Maria drei, der Elifabeth gar fünf Begleiterinnen. Vittore Carpaccio hat endlich auf dem Gemälde des Mufeums Correr zu Venedig (Crowe V, 217) eine große Menfchenmenge als Staffage der Heimfuchung angebracht; es ift jedoch unmöglich, daß fich Joachim unter den Zufchauern befindet, da der nach der Legende längft verftorben war, und auch Jofeph kann fchwerlich dabei fein, da deffen Abwefenheit von der Legende ja ausdrücklich hervorgehoben wird.

Eine eigenthümliche Darftellung der Heimfuchung foll ein Bild der Kölnifchen Schule aus der zweiten Hälfte des 15. Jhdt., jetzt im Berliner Mufeum, bieten: beiden Frauen ift auf den Leib das von einer Strahlenglorie umgebene Kind gemalt (Müller und Mothes, arch. Wörterb. 653). Ähnlich ift ein Gemälde des 15. Jahrdt., 1836 im Befitz des Architekten Pollet zu Lyon (Didron, Iconogr. 287. Anm.).

XXXI. *Jofeph wird im Traume vom Engel aufgefordert Maria nicht zu verlaffen:*

Elfenbeinrelief an der Cathedra des h. Maximian im Dome zu Ravenna.(Phot.)

Glasgemälde im Münfter zu Ulm.

Malereien auf den Flügeln des um 1515 gearbeiteten Hallftadter Altares. (Mitth. III. 23.) Der Engel hält ein Spruchband mit der Infchrift: Jofeph fili david noli timere accipere Mariam conjugem tuam.

Kupferftich des Meifters mit der Rattenfalle. — B. 1. Anna mit Maria und dem Kinde thronend. Links erfcheint der Engel dem Joachim „Redi . ad . concives . tuos . Joachim.“ rechts dem Jofeph „Fili . davit . ne timeas.“ etc.

XXXII. *Jofeph neben Maria auf einer Bank fitzend, rechtfertigt fich bei derfelben über fein gehegtes Mifstrauen.*

Berliner Mufeum, deutfche Schule N. 1216. — Lotz, Kunfttopographie I. 74.

XXXIII. *Maria und Jofeph auf dem Wege nach Bethlehem:*

Elfenbeinrelief an der Cathedra des h. Maximian im Dome zu Ravenna (Phot.). Maria hoch fchwanger reitet auf einem Efel, den ein Engel führt; ihren rechten Arm ftützt fie auf den nebenherfchreitenden Jofeph.

XXXIV. *Die Geburt Chrifti.*

Die Iconographie Chrifti zu behandeln, ift, wie ich fchon in der Vorrede bemerkt, nicht meine Abficht. Hier will ich nur einige kurze Bemerkungen beibringen. In den älteren Darftellungen liegt Maria; zwei Frauen baden das neugeborene Kind; Jofeph fitzt nachdenklich dabei; an der Krippe Ochs und Efel. Gewöhnlich ift noch die Anbetung der Hirten zugefügt; zuweilen erfcheint aus

Jofeph und Maria auf dem Wege nach Bethlehem. Geburt Chrifti.

59

einem Wolkennimbus noch Gott Vater; Engel fingen Gloria. So auf dem Relief der Broncethür des Domes zu Hildesheim (um 1020); auf dem Elfenbeinrelief der Reliquientafel des Domes zu Agram (10. od. 11. Jhdt. — Mitth. VIII.
T. 8). Die Darftellung der Thür des Bonanus zu Pifa (Phot.), der Miniatur
des Salzburger Antiphonars (Mitth. XIV. T. 5), des Verduner Altars in Klofterneuburg (III. 5), eines bei d'Agincourt abgebildeten griechifchen Diptychons
(Sculpt. XII. 14) und der eingelegten Arbeit an der Thür von S. Paolo fuori
le mura bei Rom (ebendaf. XIV) gehören alle demfelben Typus an und ver-
rathen eine grofse Ähnlichkeit mit den Arbeiten Niccolo Pifano's im Dome zu
Siena und im Baptifterium zu Pifa (Cicognara, T. XIV). Vgl. auch die Abbildungen bei E. aus'm Weerth. T. XLIX. LXIII. 7. XXI u. XXIX). Aehnlich noch
das Tympanonrelief am Nordportal des Ulmer Münfters (abgeb.: Heideloff, Kunft
des MA. in Schwaben, 91).

Die Miniatur des Echternacher Codex „Evangelistarium Heinrici IIIa, jetzt
in Bremen, zeigt Maria fitzend, wie fie das Chriftuskind in die Krippe legt,
(Mitth. VII. 60.) ebenfo fitzt Maria auf dem Relief der Holzthüre von Sta. Maria
in Capitolio zu Cöln (Aus'm Weerth. Taf. XXXX.), und auf Taddeo Gaddi's
Fresco der Baroncellicapelle (Phot.).

Im fünfzehnten Jahrhundert wurde es üblich die Anbetung des neugebore-
nen Kindes darzuftellen. Bald betet Maria das vor ihr liegende Kind an (fo
auf Holzfchnitten des germ. Mufeums T. XXI. XXV. CXXXII und auf zahllofen
Darftellungen mittelalterlicher Kunft), bald kniet Jofeph vor dem Knaben, den
Maria auf dem Schooße hält (Holzfchn. d. Germ. Muf. T. LVI).

Molanus (de hiftoria SS. Imaginum lib. II. Cap. XXVII) eiferte gegen die
ältere Darftellungsweife. „Quapropter ridendi sunt, qui Mariam Virginem, cum
ipsius puerperium depingunt aut sculpunt, lecto decumbentem effingunt, quasi
more aegrotantium puerperarum, quae cum dolore pariunt, obstetrice, lecto, cul-
citris, fomentis et plurimis fubfidiis indiguerit. Nam eo quid stultius? quid de-
lirum magis? Verum admodum probandae sunt illae picturae Chrifti Nativitatem
repraesentantes, in quibus ipsa beata Virgo Maria complicatis manibus et flexis
genibus ante parvulum suum filium, quasi iam in lucem editum, depingitur.
Ipsum enim quem genuit, ut Ecclesia canit, adoravit."

Um die Zeit der Geburt anzudeuten hält Jofeph öfters ein Licht:

Relief am Marienaltar des Breslauer Mufeums (abgeb: Förfter. Denkm. VI).
Jofeph hält eine Laterne.

Bartholomaeus Zeitbloom in Bingen bei Sigmaringen (abgeb: Förfter,
Denkm. VII). Jofeph hält ein Licht.

XXXV. *Die Tiburtinifche Sibylle weiffagte dem Kaifer Auguftus die Geburt Jefu Chrifti:*

Vgl. über diefe Darftellungen Ferd. Piper, Mythologie der chriftl. Kunft.
I. 485 ff.

Domenico Ghirlandajo's Fresco in Sta. Trinità zu Florenz ift jetzt verfchwunden (Crowe III. 231).

Baldassare Peruzzi in Sta. Maria in Fontegiufta zu Siena (Crowe IV.
417, abgeh. bei Dohme, Kunft und Künftler; Jamefon, Madonna p. 196).

Paolo Cavazzola, Hausfreske in Verona (Crowe V. 531).

Roger van der Weyden, Middelburger Altar im Berliner Mufeum
(Crowe 257).

Dierick Bouts in der Städelfchen Galerie zu Frankfart a. M. (Phot. von
Nöhring).

Lucas von Leyden in der Akademie zu Wien.

Zwei anonyme Kupferftiche des 15. Jhdt. befchreibt Bartfch, Peintregraveur
X. 37 N. 70, 71.

XXXIVa. *Der Vorwitz der Hebamme Mariens wird beftraft:*
Molanus (de historia SS. Imaginum lib. IV. Cap. LVII) fchreibt: „Et in
primis notat Petrus Richardus in libro de passione Petri Apostoli, pictores quos-
dam contra historicam veritatem obstetricem divae Virginis amissis manibus
pingere, cum non habuerit obstetricem.“

Mir find derartige Bilder nicht bekannt.

XXXVI. *Maria ift bei der Befchneidung Chrifti zugegen:*
Miniatur im Antiphonal v. S. Peter zu Salzburg. Aus d. 12. Jhd. (Mitth.
XIV. T. IX). Priefter und fein Begleiter, Maria die das Kind hält, Jofeph;
alle ftehen.

Email des Verduner Altars zu Klofterneuburg, 1181, (T. IV. 8), Maria
fitzt und hält das Kind; der Priefter fteht vor ihr.

Andrea Mantegna, nach Rosini (Tav. LXXIV) „presso il Re di Sardegna“,
wohl die von Crowe (V. 442) dem Francesco Mantegna oder Carotto zugefchriebene
Miniatur der Turiner Bibliothek. Maria und Jofeph wohnen der Befchneidung bei.

Luca Signorelli, Tafelbild im Schloß Hamilton bei Glasgow (Crowe
IV. 12).

Israel von Meckenen, Kupferft. — B. 37.

Albrecht Dürer, Holzfchn. — B. 86.

Albrecht Altdorfer, Holzfchn. — B. 11.

XXXVII. *Die h. drei Könige erblicken den Stern:*
Taddeo Gaddi in der Baroncellicapelle zu Florenz (Phot.).

Nebenepifode auf dem Gemälde Hans Memling's „die fieben Freuden der
Maria“ in der Münchener Pinakothek (abg. bei Förfter, Denkm. deutfcher Kunft
und Crowe, zu S. 305).

XXXVIII. *Das Anreiten der h. drei Könige:*
Relief an der Bronzethür des Bonanus vom Dome zu Pifa (Phot.).

Relief an der Bronzethür zu Benevent (Phot.).

Relief von Gruamons über dem Portal von S. Andrea zu Piftoja (Agin-court, Sculpture T. XXVI).

Wandmalerei im Nonnenchore des Domes zu Gurk, 13. Jhdt. (abgeb.: Mitth. XVI. T. 2).

Glasgemälde im Dom zu Le Mans, 13. Jhdt.

Tympanonrelief an der Cathedrale zu Traù (abgeb.: Jahrbücher V. 200), Geburt Chrifti, deffen erftes Bad, Anbetung der Hirten.

Relief an der Holzthür des Domes zu Spalato, 1214 (abgeb.: Jahrbücher V. T. XVI).

Gemälde der Peselli in den Uffizien zu Florenz (Crowe III. 94).

Benozzo Gozzoli, Fresco in der Riccardicapelle zu Florenz (Photogr., Crowe III. 268).

Andrea del Sarto im Hofe von Sta. Annunziata de'Servi zu Florenz (Crowe IV. 562; Chromolith. der Arundel-Society).

XXXIX. *Die h. drei Könige* (Magier) *vor Herodes:*

Mofaik am Triumphbogen von Sta. Maria Maggiore zu Rom, 5. Jhdt. (Crowe I. 13; abgeb. b. Ciampini, Vetera monumenta I. Taf. II.).

Relief der Bronzethür zu Benevent (Phot.).

Deckengemälde des 11. Jhdt. in der Stiftskirche zu Lambach (abgeb.: Mitth. XIV. p. 92).

Relief an der Holzthür von Sta. Maria in Capitolio zu Köln (Abg. bei E. aus'm Weerth. T. XXXX).

Relief in Fünfkirchen, 13. Jhdt. (abgeb.: Mitth. XV. T. I).

Relief am Portal von S. Zeno zu Verona (abgeb.: Mitth. X. 126.).

Elfenbeinrelief in der Kathedrale zu Salerno (abgeb.: H. Schulz, Denkm. d. Kunft d. MA. in Unteritalien T. LXXXII).

XXXX. *Die Anbetung der Könige* (Magier):

1. Älterer Typus:

Die drei Magier eilen laufend auf Maria zu, welche das Kind hält:

Darftellung aus den Catacomben Roms (abgeb. b. Agincourt, Sculpture, T. VIII. 13).

Deckengemälde in der Stiftskirche zu Lambach, 11. Jhdt. (abgeb.: Mitth. XIV. p. 92).

Relief in Fünfkirchen, 13. Jhdt. (abgeb.: Mitth. XV. T. I).

Das Chriftuskind fitzt allein auf einem Throne; neben ihm fteht die h. Jungfrau, vor ihm fitzt der eine Magier, hinter dem die beiden anderen ftehen:

Mofaik am Triumphbogen von Sta. Maria Maggiore zu Rom (abgeb.: Ciampini, Vetera Monumenta I. T. II.).

2. Jüngerer Typus:

Der ältere König bietet knieend feine Gabe dem Chriftuskinde, das

von Maria gehalten wird, dar: hinter ihm ftehen die beiden andern
Könige:

Miniatur des Antiphonals von S. Peter in Salzburg, auf d. 12. Jhdt.
(abgeb.: Mitth. XIV. T. VI).

Email des Klofterneuburger Altars, 1181 (T. VI. II); der dritte der
Könige weift auf den Stern hin.

Reliquienfchrein zu Mettlach (abgeb. b. Otte und Quaft, Ztfchr. f.
chriftl. Arch. I, Taf. XIV), der zweite König zeigt nach dem Sterne.

Emailciborium von Klofterneuburg, 13. Jhdt. (abgeb.: Mitth. IX. II).

Wandmalerei in der Apfis des Karners zu Mödling, Anf. d. 13.
Jhdt. (abgeb.: Mitth. III. T. XI).

Relief am Portal von S. Zeno zu Verona. (abgeb.: Mitth. X. 127).

Relief von Niccolo Pifano an der Kanzel des Baptifteriums zu
Pifa (Cicognara T. XII); zwei Könige knien, einer fteht.

Taddeo Gaddi in der Baroncelli-Capelle zu Florenz (Phot.).

Wandmalerei zu Velemér (Ungarn), 14. Jhdt. (abgeb.: Mitth. XIX.
T. 1. zu p. 206); der ältere König ift abgeftiegen und betet das Kind
an; die beiden andern find noch zu Pferde.

Weitere Beifpiele diefer unzählig oft und mit den mannigfachften Variatio-
nen dargeftellten Scenen hier anzuführen, dürfte überflüffig fein.

XLI. *Jofeph von den h. drei Königen befchenkt:*

Tympanonrelief in der Pfarrkirche zu Villach, 15. Jhdt. (abgeb.: Mitth.
XVIII. 119). Jofeph fitzt, eine große Tafche haltend, hinter der h. Jungfrau,
der die h. drei Könige in bekannter Weife ihre Huldigung darbringen.

XLII. *Die h. drei Könige werden im Traume durch einen Engel gewarnt
zu Herodes zurückzukehren:*

Relief der Bronzethür zu Benevent (Phot.); die drei Könige find nackt
fchlafend dargeftellt.

Deckengemälde in der Stiftskirche zu Lambach (Mitth. XIV. 97).

Relief in Fünfkirchen (abgeb.: Mitth. XV. T. II); der Engel fehlt.

Relief von Giovanni Pifano an der Kanzel von S. Andrea zu Piftoja,
1331 (Crowe I. 122).

Glasgemälde im Dome zu Le Mans, 1093—1120. Zwei Könige fchlafen
angekleidet; der dritte ift erwacht und hört auf die Stimme des Engels.

Glasgemälde, ebendafelbft, 13. Jhdt., ganz gleiche Anordnung.

XLIII. *Die Darftellung im Tempel:*

Seit dem 5. Jhdt., wo wir an den Mofaiken des Triumphbogens von Sta.
Maria Maggiore (Abg. b. Ciampini, Tab. II.) meines Wiffens zuerft diefe Scene
vorgeführt finden, ift fie unzählige Male gemalt und plaftifch dargeftellt worden,
ohne dafs befonders ikonographifch intereffante Momente dabei zu bemerken
wären.

XLIV. *Herodes erfährt die Rückkehr der h. drei Könige und befiehlt den Bethlehemitifchen Kindermord.*

Relief an der Holzthür von Sta. Maria in Capitolio zu Köln. (Abg. b. E. aus'm Weerth, T. XXXX).

XLV. *Der Bethlehemitifche Kindermord:*

Mofaik an dem Triumphbogen von Sta. Maria Maggiore zu Rom. 5. Jhd. (Ciampini, Vett. Mon. I, T. IL.).

Relief an der Thür der Cathedrale zu Puy, 11. Jhd. (Abg. b. Cahier, caractériftiques des Saints I, 349).

Miniatur in dem Evangelifta Kaifer Heinrich's III. jetzt in der Stiftskirche zu Bremen, Mitte des 11. Jhd.; (abg. Mitth. VII, 61).

Reliefs an den Bronzethüren zu Benevent (Phot.) und Pifa (Bonanus), (Phot.).

Relief an der Holzthür des Domes zu Spalato, 1214, (Jahrb. V, T. XVI).

Relief in Fünfkirchen, 13. Jhd. (Abg. in d. Mitth. XV, T. II) u. f. w.

Giotto, Unterkirche von S. Francesco zu Affifi (Crowe I, 206).

Matteo di Giovanni in S. Agoftino und Sta. Maria de' Servi in Siena. (Crowe IV, 94).

Barna im Dome zu S. Gimignano. (Crowe II, 281).

XLVI. *Der Engel fordert Jofeph zur Flucht nach Aegypten auf.*

Relief an der Bronzethür der Grottenkirche S. Michael zu Monte S. Angelo. 1076 (abgeb. H. Schulz, Denkm. d. Kunft d. MA. in Unteritalien, T. XXXIX, vgl. ebendaf. I, 248).

Relief an der Bronzethür zu Benevent, (Photogr.).

Relief an der Holzthür von Sta. Maria in Capitolio zu Köln. (Abg. bei E. aus'm Weerth, T. XXXX).

XLVII. *Die Flucht nach Aegypten:*

Relief der Bronzethür des Bonanus am Dome zu Pifa (Photogr.): Maria reitet auf dem Efel, das Kind tragend, voran; hinter ihr folgt Jofeph zu Fuß mit Kleidern beladen; eine Palme als Staffage.

Relief der Bronzethür zu Benevent (Photogr.); Maria reitet; Jofeph trägt den Jefusknaben.

Email. Reliquiar zu Siegburg, Ende d. 12. Jhd. (Abg. b. E. aus'm Weerth, XLIX). Jofeph fchreitet voran und führt den Efel, auf dem Maria mit dem Kinde reitet; es folgt noch eine Perfon, die eine Schüffel mit zwei Vögeln trägt.

Giotto in der Unterkirche von S. Francesco zu Affifi (Crowe I, 206. «Jofeph mit Pilgerftab und Flafche führt den Efel, auf welchem Maria reitet, das Kind in den Falten des Mantels geborgen; ein Knabe treibt das Thier an, ein altes Weib folgt mit einer Tracht auf dem Kopfe und mit einem Stecken in der Hand. In der Ferne weifen Hügel und Burgen und zwei Engel den Weg.»

Bramantino in Madonna del Saffo zu Locarno (Crowe VI, 27); der Schutzengel begleitet Maria und Jofeph auf der Flucht.

Pordenone in einem Haufe zu Bleffano (Crowe VI, 323). Der Engel führt den Efel.

Holzfculptur des 15. od. 16. Jhd. in Bayonne (abgeb. Didron, annales archéologiques XV, zu S. 373). Maria ziemlich lebensgroß gebildet, hält das Kind auf dem Arm und reitet auf dem Efel, Rundfiguren.

Gemälde im Walraff-Richartz-Mufeum zu Köln N. 273.

Albrecht Dürer, Holzfchnitt. — B. 89.

Albrecht Altdorfer, Holzfchn. — B. 13.

XLVIII. *Ruhe auf der Flucht nach Aegypten:*

Andrea Solario 1515, Sammlung Poldo-Pezzoli in Mailand. (Crowe VI, 67). Jofeph reicht Maria und dem Kinde Früchte.

Pomponio Amalteo, 1565, in der Capella Monreale des Domes zu Pordenone (Crowe VI, 365). Maria pflückt die Frucht vom Palmbaum.

Martin Schongauer, Kupferft. — B. 7. Mehrere Engel beugen den Palmbaum, von dem Jofeph die Früchte pflückt. Maria mit dem Kinde reitet.

Albrecht Dürer, Holzfchnitt. — B. 90.

XLIX. *Die h. Familie, von den Räubern gefangen:*

Es ift merkwürdig, daß diefes für den Maler fo ergiebige Sujet gar nicht dargeftellt worden ift. Mrs. Jamefon kennt nur ein ausgefägtes Frescobild des Giovanni da San Giovanni (Manozzi, 1590—1636) das jetzt in der Akademie zu Florenz befindlich ift, und ein Gemälde von Zuccaro, von dem fie (Madonna p. 235) eine Skizze mittheilt. Möglicher Weife hat Altobello Melone bei feinem Fresco in dem Dome zu Cremona an diefe Legende gedacht. Maria reitet auf dem Efel, das Kind, welches nach einem Palmzweige greift, haltend; ihr folgt Jofeph und eine Frau; ein Engel fchreitet voran. Links im Hintergrunde Wald und zwei Bewaffnete (Abg. bei Rosini, I. T. LXXV). Crowe erwähnt die Bewaffneten gar nicht (VI. 519), und fo ift die Deutung immerhin zweifelhaft.

Vielleicht hat der von Bartfch befchriebene Stich des Meifters E. S. 1466 (N. 85), das Chiftuskind im Bade darftellend, auf diefe Legende Bezug.

L. *Die Götzenbilder ftürzen zufammen:*

Glasgemälde im Dome zu Le Mans, 13. Jhdt.

Schnitzaltar in Calcar, Anf. d. 16. Jhdt. (Abg. bei E. aus'm Weerth. T. XIII). Beim Vorüberziehen der h. Familie fährt der Teufel aus einem Götzenbilde.

LI. *Die h. Familie in Aegypten lebend:*

Jacopo Bellini, ehemals in S. Giovanni Evangelifta zu Venedig (Crowe, V. III).

LIa. *Jofeph wird von dem Engel zur Rückkehr aus Aegypten aufgefordert:*

Relief an der Bronzethür der Grottenkirche S. Michele zu Monte S. Angelo,

1076 (abgeb.: H. Schulz, Denkm. d. Kunſt des MA. in Unteritalien, T. XXXIX. vgl. ebendaſ. 1. 248).

LII. *Rückkehr aus Aegypten:*

Silberantependium von Papſt Coeleſtin II. (1143—44) gefchenkt, in Città di Caſtello (abgeb.: Agincourt, sculpture, T. XXI.) Voran ſchreitet Joſeph, den ziemlich erwachſenen Knaben tragend; hinter ihm reitet Maria, über der ein Engel ſchwebt.

Jacopo Bellini, ehem. in S. Giov. Ev. zu Venedig (Crowe V. 111).

Lucas von Leyden, Kupferſtich. B. 39.

LIIa. *Tod der heiligen Anna.*

Quentin Massys, Altargemälde in der Peterskirche zu Löwen (abgeb.: Dohme, Kunſt und Künſtler I; Q. Massys 33).

LIII. *Jeſus im Tempel* unter den Schriftgelehrten von ſeiner Mutter aufgefunden:

Giotto in der Arenacapelle zu Padua.

Israel von Meckenen, Kupferſt. — B. 39.

Albrecht Dürer, Holzſchn. — B. 91.

Bernardino Pinturicchio in Sta. Maria Maggiore zu Spello (Crowe IV. 289), 1501.

Bernardo Luini in der Kirche zu Saronno (Chromolithogr. der Arundel Society).

LIV. *Jeſus wird von ſeiner Mutter nach Nazareth zurückgebracht:*

Email an dem Ciborium zu Kloſterneuburg. 13. Jahrdt. (Abg. in d. Mitth. IX. T. 1).

P. P. Rubens in dem Gemälde für das Jeſuiten-Collegium zu Antwerpen (Abg. bei Mrs. Jameſon, Madonna p. 271). Der Knabe wird von Maria und Joſeph geführt; über ihm iſt Gott Vater und der h. Geiſt ſichtbar.

LV. *Jeſus wird von ſeinen Eltern nach der Rückkehr ermahnt:*

Simone Martini, Tafelbild in der Royal Inſtitution zu Liverpool (Abg. bei Crowe II. p. 270).

LVI. *Maria wohnt der Hochzeit zu Kana bei:*

Glasgemälde in Le Mans, 13. Jhdt.

Giotto in der Arenacapelle zu Padua.

Barna im Dome zu S. Gimignano (Crowe II. 281).

Bernardo Luini, Fresco in S. Maurizio (Monaſtero maggiore) zu Mailand.

LVIa. *Tod des Joſeph:*

Eine mittelalterliche Darſtellung iſt mir nicht bekannt. Mrs. Jameſon führt an ein Gemälde von Carlo Maratti in der Wiener Galerie. Älter iſt noch ein Kupferſtich von Cornelius Galle in einer bei Joh. Galle in Antwerpen erſchienenen Folge: Vita Beatissimae Virginis Mariae imaginibus expressa. N. 18.

Jofeph liegt auf dem Bett. Maria fteht zu feiner Linken; Jefus, als Knabe dargeftellt, hält die Sterbekerze; Engel bringen dem Sterbenden einen Lilienzweig.

LVII. *Jefus nimmt Abfchied von feiner Mutter:*

Gerrit van Harlem, Pinakothek zu München N. 84. (Crowe 208).

Gemälde der fchwäbifchen Schule — Galerie zu Donaucfchingen N. 15.

Bartholomaeus Beham — ebendaf. N. 79.

Peter Vifcher, Grabrelief der Margaretha Tucherin, 1521, im Dome zu Regensburg (abgeb. bei Dohme, Kunft und Künftler — P. Vifcher p. 33). Bergau (a. a. O.) erklärt diefe Darftellung als Begegnung Chrifti und der Schwefter des Lazarus; ich möchte meiner Deutung den Vorzug geben.

Giovanni Francesco Carotto in S. Bernardo zu Verona (Crowe V. 513).

Relief des Epitaphiums der Goldfchlägerin Margaretha Irmifchin († 1518) an der Nordfeite der Maria-Magdalenenkirche zu Breslau.

Epitaphiumsgemälde des Hans Starczedel († 1528) in der Elifabethkirche zu Breslau.

Grabrelief des Georg Sigenfelder in S. Stephan zu Wien, 1555. (abgeb. Mitth. N. F. 1 zu S. 90).

Albrecht Dürer, Holzfchnitt der kleinen Paffion. B. 21.

Albrecht Dürer, Holzfchnitt des Marienlebens. B. 92.

Albrecht Altdorfer, Holzfchnitt B. 16.

Monnogrammift I., Kupferftich. B. IX, 12 N. 5.

Robetta, Kupferftich. B. 9.

LVIII. *Maria erhält die Nachricht von Jefu Gefangennehmung.*

Jacopo Bellini, ehemals in S. Giovanni Evangelifta zu Venedig (Crowe V. 111). Unmöglich kann Jofeph ihr diefe Nachricht bringen, da er nach der Legende fchon längft verftorben ift.

LIX. *Maria fieht die Geifelung ihres Sohnes mit an:*

Holzfchnitt 1480—1500 (Holzfchn. d. Germ. Mufeums T. CXXX). Chriftus in einem Gemache an eine Säule gebunden, wird von den Schergen gegeißelt; durch ein offenes Fenfter fchaut Maria hinein.

LX. *Maria begegnet ihrem Sohne auf dem Wege nach Golgatha:*

Simone Martini (?) in der Spagnuoli-Capelle von Sta. Maria Novella zu Florenz (Crowe II, 259. — Phot. von Alinari).

Niccolo di Pietro Gerini in der Rinuccinicapelle von Sta. Croce zu Florenz (Crowe II, 193; Phot. von Alinari.

Jacopo Bellini ehemals in S. Giovanni Evangelifta zu Venedig. (Crowe V, 111).

Raffael im Mufeum zu Madrid Spafimo di Sicilia.

Gaudenzio Ferrari in S. Criftoforo zu Vercelli.

Adam Kraft, Relief an der erften Stationstafel zu Nürnberg (abg. Bergau, Ad. Kraft in Dohme's Kunft u. Künftler, p. 33. — Phot.).

Kölner Wallraf-Richartzmufeum N. 558.

Kupferftiche:

Israel von Meckenen. — B. 17.

Unbekannter Meifter. — B. VI, 347 N. 9.

Lucas von Leyden. — B. 51, 64.

Nicoleto da Modena. — B. 14, 15, 16, 17.

LXI. *Maria und Johannes unter dem Kreuze Chrifti ftehend.*

Gewöhnlich ftcht Maria rechts vom Kreuze. Diefe Darftellung findet fich feit dem früheften Mittelalter fo oft (vgl. Stockbauer, Kunftgefchichte des Kreuzes. — Schaffhaufen 1870), daß einzelne Beifpiele hier anzuführen nicht erforderlich erfcheint. Die Einwände der Theologen find, wie es fcheint, von den Künftlern nicht berückfichtigt worden. Molanus fagt (Hift. SS. Imaginum Lib. IV, cap. VIII): «quod autem de situ Mariae sub Cruce in Mariali annotavit Bernardinus Bustius, id magis inter opiniones referendum est, quam solido nitatur fundamento. Refert parte tertia beatam Mariam iuxta crucem depingi debere ad sinistram Christi; stabat enim ad aquilonem orans pro peccatoribus, non autem ad dexteram, ut putat, citando Alexandrum de Hales in Psalmos et illud Psalmi (141): considerabam ad dexteram et videbam et non erat qui cognosceret me.»

LXII. *Maria ohnmächtig unter dem Kreuze.*

Sehr häufig dargeftellt:

Giotto in der Unterkirche von S. Francesco zu Affifi. (Crowe I, Phot.).

Köln. Wallraf-Richartzmufeum N. 156. 164. 302.

LXIII. *Maria wird dem Johannes empfohlen.*

Meifter Wilhelm, Wallraf-Richartz-Mufeum zu Köln (N. 41. — Photogr.). Johannes umfaßt zärtlich die trauernde Maria.

LXIV. *Maria finkt am Kreuze in Ohnmacht*, als Longinus dem todten Heiland den Speer in die Seite ftößt.

Bernardo Luini, Fresco in Lugano (Photogr.).

Hans Memling, Kreuzaltar im Dome zu Lübeck (Photogr. von Joh. Nochring; Chromolithogr. der Arundel-Society.

LXV. *Maria kehrt von Johannes begleitet von Golgatha heim:*

Gemälde im Wallraf-Richartzmufeum zu Köln (N. 304). 15. Jhdt.

LXVI. *Maria bei der Kreuzabnahme:*

Miniatur im Salzburger Antiphonal. T. XIII.

Email am Klofterneuburger Altar. T. XV 29.

Relief der Externfteine, 1115 (abg. E. Förfter, Denkm. II).

Tympanonrelief des Niccolò Pifano in S. Martino zu Lucca (abg. bei Mrs. Jamefon, Madonna, T. XXII.

Duccio im Dome zu Siena (abg. bei Mrs. Jamefon, Madonna, p. 288; Crowe II, 218).

Pietro Lorenzetti in der Unterkirche von S. Francesco zu Affifi. (Crowe II. 297).

Roger van der Weyden in der Galerie zu Madrid (abgeb. Crowe zu S. 239.)
Köln. Wallraf-Richartzmufeum N. 64, 76, 156, 263, 568.
Kupferftiche:
Israel von Meckenen. — B. 19, 24, 25.
Albrecht Dürer. — B. 14.
Hans Baldung Grien. — B. 5.
Lucas von Leyden. — B. 51, 64.
Email des Klofterneuburger Altars, T. XIV, 24.
LXVII. *Der todte Chriftus im Schoofse feiner Mutter,* oder von ihr und
ihren Begleiterinnen beklagt.

Das Breslauer Mufeum befitzt eine Holzfculptur und eine Arbeit aus ge-
branntem und glafirtem Thon, die beide aus dem Ende des 14. Jahrhunderts
herrühren. Ein Gemälde des Giovanni da Milano, jetzt in der Akademie
zu Florenz, erwähnt Crowe I, 336. Im fünfzehnten und fechzehnten Jahrhundert wird dies Sujet öfter von Künftlern dargeftellt.

Quentin Maffys im Mufeum zu Antwerpen (abg. Dohme, Kunft und
Künftler I, Q. Maffys p. 25).

Gerrit van Harlem im Belvedere zu Wien (Crowe 207).
Köln. Wallraf-Richartzmufeum N. 201, 230, 279, 351.

Adam Kraft, fiebente Station (abg. Dohme, Kunft und Künftler II, A.
Kraft p. 37 .
Kupferftiche:
Meifter F. S. — B. 2.
Meifter mit dem Weberfchiffchen. — B. 7.
LXVIII. *Maria bei der Grablegung Chrifti:*
Miniatur des Antiphonars von S. Peter in Salzburg. (Abgeb. Mitth. XIV, T. 16).
Email des Klofterneuburger Altars, T. XVII, 32.
Pietro Lorenzetti in der Unterkirche von S. Francesco zu Affifi.
(Crowe II, 297).
Niccolò di Pietro Gerini in der Akademie zu Florenz (Crowe II,
193) etc.
Raffael in der Galerie Borghefe zu Rom.
Gerrit van Harlem in der Pinakothek zu München N. 85 (Crowe 203).
Köln. Wallraf-Richartzmufeum N. 123, 291, 589.
Kupferftiche:
Martin Schongauer. — B. 18.
Meifter B. S. — B. 10. — Copie nach Schongauer.
Albr. Dürer. — B. 15.
Lucas von Leyden. — B. 54.
Adam Kraft, Schreyer-Landauerfches Epitaphium an der S. Sebalduskirche
zu Nürnberg.

Adam Kraft, Relief an der Holzfchuher-Kapelle auf dem Johanneskirchhof zu Nürnberg (abg. Dohme, Kunft und Künftler II, Ad. Kraft zu S. 36).

LXIX. *Chriftus erfcheint nach der Auferftehung feiner Mutter:* Miniatur im Paffional der Äbtiffin Kunigunde, Prag, Anf. d. 14. Jhd. (Abg. Mitth. V, 81).

Gemälde am Mariafchnee-Altar in der Jacobskirche zu Leutfchau. (Mitth. V, 284). Gemälde des Breslauer Mufeums N. 4391. — Anf. d. 16. Jhd. Chriftus erfcheint der Maria, begleitet von Adam, Eva, David, Anna und Joachim.

Gemälde in der Galerie des Ständehaufes zu Breslau (vgl. Schultz, Bresl. Maler-Innung 151). Chriftus, von mehreren Apofteln begleitet, erfcheint feiner Mutter, die von einigen Frauen umgeben ift. Im Hintergrunde der Calvarienberg.

LXX. *Maria wohnt der Himmelfahrt Chrifti bei:* Miniatur im Antiphonar von S. Peter in Salzburg, T. XIX.

Elfenbeinrelief einer Reliquientafel im Dome zu Agram, 10. od. 11. Jhdt. (Abgeb. Mitth. VIII, T. 8).

Griechifches Elfenbeinrelief in der Kunftkammer zu Stuttgart (abg. Heideloff, (Kunft des MA. in Schwaben, T. IX).

Relief an der Bronzethür des Domes zu Pifa (Photogr.).

Giotto in der Arenacapelle zu Padua.

Giacomo Pacchiarotto im Carmine zu Siena. (Crowe IV, 396. — Photogr.).

Malerei am Mariafchneealtar der Jacobskirche zu Leutfchau. (Mitth. V, 234). Köln, Wallraf-Richartzmufeum N. 317.

LXXI. *Maria bei der Ausgiefsung des heiligen Geiftes [1]):* Taddeo Gaddi im Berliner Mufeum. (Crowe I, 292).

Andrea Orcagna, Altarbild in der Badia zu Florenz. (Crowe II, 13.)

Kleiner Klappaltar des Breslauer Mufeums, 14. Jhd. (abg. Schultz, Schlefiens Kunftleben im 13. und 14. Jhd., Taf. IV).

Gemälde des Wallraf-Richartzmufeum zu Köln, N. 518.

Holzfchnitt 1440—50 (Holzfchn. d. Germ. Muf., T. XXII).

Kupferftich des Meifter E. S. 1466. — B. 27.

Domenico Campagnola. — B. 3.

LXXII. *Gabriel verkündet der h. Jungfrau ihren Tod [2]).* Diefe Darftellung unterfcheidet fich von der der Verkündigung der Geburt des Heilandes hauptfächlich dadurch, daß Maria als ältere Frau erfcheint und der Engel nicht eine Lilie, fondern den Palmzweig in der Hand trägt. Pelbartus

---

1) Bei der Darftellung des Pfingftfeftes auf dem Email-Altar von Klofterneuburg (T. XXIII. 44) fehlt Maria, ebenfo auf dem Gemälde Giotto's in der Arenakapelle zu Padua.

2) Vgl. über diefen und die folgenden Abfchnitte die vortreffliche Abhandlung: (Helms-dörfer) die bildliche Darftellung vom Tode und der Himmelfahrt Mariae. Frankfurt a. M. 1854.

de Temeswar fchildert diefen Palmzweig noch genauer (Stellarium corona b. M. V., Lib. X, Pars V, Art. 1): «palma vero illa nimia claritate splendebat. Et erat quidem virge viriditati consimilis, sed folia ipsius ut stella matutina fulgebant. Et ego fateor me vidisse apud quendam comitem regium particulam quandam, que dicebatur esse de illa palma, et pro certo erat fulgidissima ad modum micantis stelle quasi coloris argentei fulgidissimi.»

Mrs. Jamefon (Mad. 310) erwähnt eine Darftellung in den Fresken des Domes zu Orvieto. Sie meint wohl das von Crowe III, 368 angeführte Gemälde des Ugolino di Prete Ilario, das aber nur als Verkündigung bezeichnet wird.

Andrea Orcagna, Relief am Ciborium in Or San Michele zu Florenz (abg. Mrs. Jamefon, Madonna, p. 310.)

Ottaviano Nelli, Fresco in der Capelle des Palazzo del Governo zu Foligno. (Crowe IV, 101).

Sehr intereffant ift die Geftalt des Engels von Filippo Lippi, welchen Mrs. Jamefon im erften Bande der Sacred and legendary art (7. Aufl.), p. 124 abbildet; er hält den Palmzweig, über welchem fieben Sterne fchweben. Leider fagt', wie fo oft, die Verfafferin nicht, wo fich das Original, dem diefe Skizze entnommen ift, befindet und es ift mir auch nicht möglich gewefen, dies feftzuftellen, da die Befchreibungen bei Crowe in diefem Falle alle unzureichend fich erwiefen.

Eine zweite Abbildung, die Mrs. Jamefon Madonna p. 311) mittheilt, ift gleichfalls einem Predellagemälde des Filippo Lippi entnommen. Vielleicht befindet fich daffelbe in S. Lorenzo zu Florenz vgl. Crowe III, 81). Hier kniet der Engel vor der aufrecht ftehenden Maria und reicht ihr eine ftrahlende Kerze.

Von deutfchen Darftellungen ift mir nur ein Gemälde von Hans Schäuffelein, jetzt in der Münchener Pinakothek (N. 24. — Katalog von 1853', bekannt. Merkwürdig erfcheint, daß der Künftler fchon bei der Verkündigung die Apoftel verfammelt fein läßt.

LXXIII. *Die Apoftel kommen bei Maria zufammen, um ihrem Tode beizuwohnen:*

Taddeo Bartoli, Fresco an der Decke der Sardi-Capelle in S. Francesco zu Pifa. «Er fetzt die Jungfrau mit den ihr aufwartenden Marien ins Innere einer Loggia; die Apoftel find noch nicht alle da; die zuerft gekommenen haben auf der Bank Platz genommen oder ftehen; zwei begrüßen die heilige Frau knieend und reichen ihr die Hände; ein dritter hat fich ehrfurchtsvoll an der Schwelle niedergelaffen; einer fliegt mit ausgeftreckten Armen herein und noch andre fchweben oder fallen wie vom Himmel herab.» (Crowe II. 329).

Ottaviano Nelli in der Capelle des Palazzo del Governo zu Foligno. (Crowe IV, 101.)

LXXIV. *Der Tod der h. Jungfrau.*

1. *Maria liegt auf dem Sterbebette, von den Jüngern umgeben:*

Mofaik in Sta. Maria dell' Ammiraglio zu Palermo, erſte Hälfte des 12. Jhd. (Crowe I. 63).

Glasgemälde der Kathedrale von Le Mans. Einer der Apoſtel hält ein Buch, aus dem er die Sterbegebete lieſt; Petrus hat ein Vortragekreuz . 13. Jhd.

Andrea Mantegna im Muſeum zu Madrid (Crowe V, 413). Holzſchnitt 1450—60 (Holzſchn. d. Germ. Muf. XXXIX). Petrus mit Stola und Weihwedel; die Apoſtel tragen Kerzen.

Niederländiſches Gemälde circa 1470 in der Galerie Sciarra (abgeb. bei Förſter, Denkm. d. deutſchen Kunſt XI).

Kölniſches Gemälde um 1500, Münchener Pinakothek (abgeb. bei Förſter a. a. O. III) Maria hält die Sterbekerze (vgl. Kölner Muſeum N. 207.)

Kupferſtiche:

Martin Schongauer. — B. 33.

Israel von Meckenen. — B. 40, 50.

Hans Schäuffelein. — B. 18.

Albrecht Altdorfer, Holzſchn. — B. 38.

2. *Maria liegt auf dem Bette, von den Jüngern umgeben;* Chriſtus ſteht an ihrer Seite und nimmt die Seele der Verſtorbenen, in Geſtalt eines Kindes, in ſeine Arme auf:

Bronzerelief an der Thür des Domes zu Pifa (Photogr.).

Relief am Willibrord's-Tragaltar, griechiſche Arbeit des 12. Jhd. zu Trier (abgeb. E. aus'm Weerth, T. LX, 3a). Petrus ſchwingt das Rauchfaß; Chriſtus hält die Seele der Maria, ein in Windeln gewickeltes Kind in ſeinen Armen.

Ähnlich ein Elfenbeinrelief in Kloſterneuburg (abg. Mitth. VII, 142) 13. Jhd. Oben trägt ein Engel die Seele nach dem Himmel. Petrus mit Rauchfaß; unter den 12 andren Jüngern iſt der durch die Stola bezeichnete wohl Paulus.

Email an dem Ciborium von Kloſterneuburg (abg. Mitth. IX, T. 1), 13. Jhd.

Taddeo Bartoli 1394 in der Sardi-Capelle von S. Francesco zu Pifa. (Crowe II, 329).

Bartolomeo Vivarini 1499, ehemals in der Sammlung Northwick zu London (Crowe V, 47).

Salvo d'Antonio im Dome zu Meſſina (Crowe VI, 148; abgeb. bei Roſini, T. CCXI), Maria liegt todt auf der Bahre; Chriſtus von einer

Engelmandorla umgeben, trägt die nackte Seele zum Himmel empor;
die Apoftel halten Kerzen, Bücher, Rauchfaß etc.; Johannes trägt den
heiligen Palmzweig.

Federzeichnung in der Biblia Pauperum zu St. Florian, um 1300
(abgeb. Jahrbücher V, T. 1).

Wandmalerei in der Wiedenkirche zu Weida, 13. Jhd. (abgeb. bei
Klopffleifch, drei Denkm. mittelalterlicher Malerei, T. IV). Michael
überreicht dem Heiland, der aus dem Nimbus herablangt, die Seele
der Maria.

Tympanonrelief an dem Südportal des Straßburger Münfters (abgeb.
bei A. Woltmann, Gefchichte d. deutfchen Kunft im Elfaß 153).

Holzfchnitt 1320—50. (Holzfchn. d. Germ. Muf. I).

Tympanonrelief an dem nordweftlichen Portal der S. Sebalduskirche
zu Nürnberg, um 1350 (Phot.).

Schule des Meifter Wilhelm, Kölner Mufeum 73.

Fränkifche Schule. Daf. N. 515, vgl. auch N. 521, das dem
Wohlgemuth zugefchrieben wird; hier fehlt Chriftus; zwei Engel tragen
die Seele empor.

3. *Maria ftirbt knieend, von Johannes gehalten:*

Diefe Art der Darftellung findet auch den Beifall des Molanus
(Hift. SS. Imaginum L. III, c. XXXII). Er fagt: crediderim, eam non
decubuisse lecto more aegrotantium et qui morbo pressi claudunt hanc
vitam (cum venia pictorum et sculptorum), cum neque infirmitate vexata
credi potius debeat, neque debilitate prostrata, sed flexis reverenter
genibus et sublatis in coelum manibus inter orandum acceptissimum
Deo spiritum commendasse.

Relief in S. Emmeran, zu Regensburg 1449 (abg. bei Förfter a. a.
O. III).

Schnitzaltar zu Wiener Neuftadt, Ende des 15. Jhd. (abg. Mitth. XVII
zu S. 89).

Schnitzaltar der Elifabethkirche zu Breslau.

Hans Schäuffelein, im Kölner Mufeum N. 530, Johannes reicht
ihr die Sterbekerze.

4. *Maria ftirbt knieend, von Johannes gehalten; Chriftus nimmt ihre
Seele auf:*

Silberner Hausaltar von Maria Pfarr, 1443 (abgeb.: Mitth. XVIII.
p. 206).

Gemälde auf Burg Lichtenftein (abgeb.: E. Förfter, Denkm. II).

Veit Stoß, Marienaltar in der Marienkirche zu Krakau, 1477—1489.
(abgeb.: Dohme, Kunft und Künftler II. V. Stoß p. 6) Chriftus trägt die
Seele zum Himmel empor.

Schnitzaltar in der Stanislaus-Kirche zu Schweidnitz 1492 (cf. m. Abh. in d. Ztfchr. d. Ver. f. Gefch. u. Altth. Schlefiens X. 148).

Hallftadter Schnitzaltar, um 1515 (abgeb.: Mitt. III. T. 1).

Martin Schaffner in der Pinakothek zu München, 1524 (abgeb. bei E. Förfter a. a. O. V). Ein Engel trägt die Seele zu dem oben erfcheinenden Heiland empor.

LXXV. *Beftattung Mariae:*

1. *Grabgeleite.*

Tympanonrelief am Südportal des Straßburger Münfters, 13. Jhdt.

Tympanonrelief am Nordweftportal der S. Sebalduskirche zu Nürnberg, um 1350 (Photogr.). [1]

2. *Grablegung.*

Stamatico (?) in Subiaco (abg. bei d'Agincourt. Peinture T. CXXVI). Die zwölf Apoftel ftehen unten. Knieende Juden ergreifen die Tragbäume der Bahre; oben werden Chriftus und Maria, beide thronend in einer Mandorla von Engeln gen Himmel getragen.

Gemälde im Mufeum zu Lübeck (N. 6). Die Apoftel tragen den Sarg; voran gehen Johannes und Petrus; ein Engel überreicht dem Thomas den h. Gürtel.

Giotto (?) in der Sammlung Martin zu London (Crowe I. 278). Merkwürdig ift, daß Chriftus auf diefem Bilde erft jetzt die Seele der Maria in feine Arme aufnimmt.

LXXVI. *Mariae Himmelfahrt.*

1. *Die Apoftel umftehen das offene Grab. Maria fchwebt empor von Chrifto geleitet oder empfangen:*

Giunta Pifano in der Oberkirche von S. Francesco zu Affifi (Crowe I. 143, abg. bei d'Agincourt. Peinture T. CXI).

Spinello Aretino in der Galerie zu Siena (Crowe II. 183).

Taddeo Bartoli in der Galerie des Palazzo Pubblico zu Siena (Crowe II. 337. — Phot.). Chriftus fchwebt herab und hebt Maria felbft aus dem Grabe.

Die Gemälde aus der Schule des Simone Martini in der Münchener Pinakothek (Cr. II. 272), des Lippo Memmi in Monte Oliveto bei S. Gimignano (Cr. II. 276). Agnolo Gaddi in der Cintolakapelle zu Prato (Cr. II. 41), Ottaviano Nelli in der Capelle des Palazzo del Governo zu Foligno (IV. 101), Domenico Ghirlandajo in Sta. Maria Novella zu Florenz (III. 237) etc. find zu wenig charakterifirt, als daß man fie hier einordnen könnte.

---

1) Mrs. Jamefon erwähnt noch ein Gemälde von Taddeo Bartoli im Palazzo pubblico zu Siena (p. 316); Weffely giebt nur Siena als Ort an, wo fich dies Bild befinden foll (p. 36). Es ift mir nicht geglückt, in Crowe's Werk etwas über dies Gemälde zu ermitteln.

Fra Giovanni da Fiesole in der Galerie Fuller Maitland zu London (Crowe II. 165). Das ehedem dem Giotto zugefchriebene, urfprünglich in Ogni Santi zu Florenz befindliche Bild ift wahrfcheinlich identifch mit dem von Rofini T. XIV, von d'Agincourt, Peinture CXIV, 6 abgebildeten Gemälde. Unten wird die Leiche in das Grab gelegt; Johannes mit der Wunderpalme fteht dabei; Jefus beugt fich über den Leichnam feiner Mutter. Oben fteigt der Heiland in einer Strahlenglorie auf, begleitet von Engeln; neben ihm, ihn anbetend, feine Mutter.

Sandro Botticelli in Hamilton Houfe bei Glasgow (Crowe III. 166).

Luca Signorelli im Gefù zu Cortona (Crowe IV. 33, Photogr.). Von der Auferftandenen fallen Blumen herab.

Sodoma im Oratorium San Bernardino zu Siena; das leere Grab ift mit Blumen gefüllt (Photogr.).

Albrecht Dürer, 1509, Miniatur im Befitz von Frl. Emilie von Linder zu München (abgeb. bei E. Förfter, Denkm. VI.). Unten ftehen um das offene Grab die Apoftel, Petrus durch päpftliche Infignien bezeichnet; Maria wird zum Himmel emporgetragen, zwei Engel halten über fie eine Krone. Sie wird von Gott Vater, Chriftus und dem h. Geift empfangen.

2. *Maria reicht bei der Himmelfahrt dem Apoftel Thomas den heiligen Gürtel* (sacra cintola) [1]:

Der Gürtel blieb der Legende nach (Crowe II. 41. Mrs. Jamefon Madonna 320) in Paläftina, bis ihn im elften Jahrhundert ein Mann aus Prato, Michele dei Dragomari, erwarb und in feine Heimath brachte. Er wurde der Kirche übergeben und 1395 in der Capella della sacra cintola oder del sacro cingolo niedergelegt.

Andrea Orcagna, Relief am Tabernakel von Or San Michele zu Florenz (abgeb. bei Mrs. Jamefon T. XXVII.). Unten umftehen die Jünger den Sarcophag, in den die Leiche gelegt wird; Chriftus auf feinem Arme die Seele haltend, fteht an dem Sarge. Oben wird Maria in einer Mandorla thronend von fechs Engeln emporgetragen; fie reicht dem knieenden Thomas den Gürtel.

Agnolo Gaddi in der Capella della Cintola zu Prato (Crowe II. 41), Bartolo di Maestro Fredi in Sta. Maria zu Bettona bei Affifi (Cr. II. 322), Niccolò di Pietro Gerini in der Gallerie reale zu Parma (II. 194), Ottaviano Nelli in der Capelle des Palazzo del

---

1) Auch diefe Darftellung wurde gegen Ende des 16. Jhdt. verworfen. »Nec etiam laudandi sunt pictores, cum apocrypha pingunt ut obstetrices in partu Virginis et Thoma Apostolo cingulum suum a Virgine Maria in Assumptione sua propter dubitationem dimissum et huius modi.« (Molanus, Hist. SS. Imaginum. Lib. III. Cap. LVI.)

Governo zu Foligno (IV. 101), Andrea da Firenze 1437, Altarbild in Sta. Margareta zu Cortona (II. 132), Domenico di Bartolo in der Gallerie zu Berlin (IV. 63), Alesso Baldovinetti 1450, Fresco in S. Niccolo zu Florenz (III. 116), Lorenzo da Pelago, Glasgemälde in der Pieve zu Prato (III. 74) Sebaſtiano Mainardi in der Baroncellicapelle von Sta. Croce zu Florenz (III. 257), Benozzo Gozzoli in S. Fortunato zu Montepulciano (III. 263), Vitorio Crivelli in der Compagnia della Concezione zu Maſſa (V. 97), Jacopo Bellini, Skizzenbuch (V. 104), Sogliani in der Akademie zu Florenz (IV. 522), Benedetto Diana in Sta. Maria della Croce zu Crema (V. 232), Giovanni Speranza in der Galerie zu Vicenza (V. 447), Pordenone in der Kirche zu Rorai Grande (VI. 309).

Francesco Granacci in der Casa Ruccellai zu Florenz (Crowe IV. 544; abgeb. bei Roſini T. CXXXIV.). Unten ein offenes, mit Blumen gefülltes Grab, rechts und links zwei Heilige; Maria in einer Strahlenglorie thronend, reicht dem knieenden Thomas den Gürtel.

Francesco Granacci in den Uffizien zu Florenz (Crowe IV. 545, abgeb. bei Mrs. Jameſon, Sacred and legendary Art I. ad pag. 248).

Palma Vecchio in der Akademie zu Venedig (abgeb. bei Mrs. Jameſon, Madonna p. 326). wohl das von Crowe VI. 551 erwähnte Gemälde.

Kupferſtiche:

Anonymer italieniſcher Meiſter. B. XIII. 86.

Nicoletto da Modena. B. 20. Bartſch nennt dies Blatt fälſchlich „la vierge présentant à St. Jean l'évangeliste un scapulaire.“

In Deutſchland habe ich keine Darſtellung dieſes Sujets finden können. Nur im Lübecker Muſeum (N. 6) iſt ein Gemälde, welches auf dieſe Legende Bezug hat. Der Sarg der Maria wird von den Apoſteln getragen; Petrus und Johannes ſchreiten voran; ein Engel überreicht dem Thomas den Gürtel.

3. *Maria ſchwebt zum Himmel empor; aus ihrem Kleide fallen Hoſtien in das offene Grab:*

Von dieſer Darſtellung ſind mir nur zwei Beiſpiele bekannt: ein Gemälde in der S. Martini-Kirche zu Breslau und ein anderes im Breslauer Muſeum (N. 427. — Vgl. Schultz, Bresl. Maler-Innung 131, 145). Vgl. das Glasgemälde im Dome zu Le Mans, 13. Jhdt., wo Maria als Trésorière des graces dargeſtellt iſt mit großen Stößen von Hoſtien.

4. *Maria ſteht die Hände erhoben und dieſelben flach haltend (betend), Engel zu ihren Seiten:*

Elfenbeinrelief des Tuotilo; um 912. (abgeb. bei Dohme Kunst und Künſtler Bd. 1.) Rechts und links von Maria je zwei Engel.

Elfenbeinrelief, 10. od. 11. Jhdt., ehemals im Cabinet Colchen zu Metz (abgeb. bei Cahier, Caractéristique des Saints II. 545), wie das Tuotilonifche Bildwerk disponirt; oben erfcheint Chriftus in einer Mandorla thronend, von 6 Engeln gehalten. Mofaik in S. Donato zu Murano, 12. Jhdt. (Crowe V. 17).

5. *Maria in einer Mandorla thronend (oder ftehend) wird von Engeln zum Himmel emporgetragen:* Fresco im Campo fanto zu Pifa, früher dem Simone Martini zugefchrieben (Crowe II. 253. Photogr.). Chriftus empfängt oben feine Mutter.

Relief an Notre Dame zu Paris, 14. Jhdt. (abgeb. bei Didron Annales archéologiques XII. 300); je vier Engel tragen die Mandorla.

LXXVII. *Gott fegnet die vor ihm knieende Maria:* Kupferftich des Meifters E. S. 1466. — B. 87.
Kupferftich von Martin Schongauer. — B. 71.

LXXVIII. *Maria wird von der Dreieinigkeit im Himmel empfangen:* Gertfchacher (Gert Schacher?). Gemälde im Breslauer Mufeum 1508. (N. 5358) Maria auf einem Kiffen knieend wird von Engeln emporgetragen. Gott Vater, Chriftus und der h. Geift, in Menfchengeftalt, fitzen auf dem Regenbogen und empfangen fie.

LXXIX. *Krönung der Maria.*

1. *Die Krönung mit der Himmelfahrt verbunden:* Raffael im Vatican (abgeb.: Rofini, T. LXXXI; Photogr.). Maria fitzt zur Rechten des Heilands, der mit der rechten Hand ihr die Krone auffetzt, mit der Linken fegnet; unten umftehen die Jünger das offene mit Rofen und Lilien gefüllte Grab.
Albrecht Dürer, Heller'fcher Altar in Frankfurt a. M. Jouvenel'fche Copie (abgeb.: Dohme, Kunft und Künftler I., Dürer p. 24).
Albrecht Dürer, Marienleben — B. 94.

2. *Criftus allein krönt die Maria:* Giotto, Altarbild in der Baroncelli-Capelle von Sta. Croce zu Florenz (Crowe I. 254, abgeb. bei d'Agincourt. Peinture. T. CXIV. 4). Vier Engel.
Schule des Giotto, im Befitz von Rofini (Rof. T. VIII). Chriftus fetzt mit beiden Händen der Maria die Krone auf. Apoftel und Heilige find zugegen.
Pietro Lorenzetti in der Akademie zu Siena (Rofini T. XVIII. von Crowe nicht erwähnt). Beide Geftalten in einer Mandorla von Engeln umgeben.
Berna oder Barna, Fresco am Tabernakel von S. Giovanni in Late-

rano (abgeb. bei d'Agincourt, Peinture T. CXXIX. 3 — von Crowe nicht erwähnt). Chriſtus krönt mit der linken Hand.

Barnaba da Modena, 1374, ehemals im Beſitz von Lord Wensleydale (d'Agincourt, Peinture T. CXXXIII. 3. — Crowe II. 384).

Fra Giovanni da Fieſole im Louvre zu Paris (Crowe II. 160. abgeb. von Ternite in A. W. v. Schlegel's Mariae Krönung etc. Par. 1817). Maria kniet vor dem Heiland.

Filippo Lippi im Dome zu Spoleto (Crowe III. 78, abgeb. bei Mrs. Jameſon, Madonna 330).

Pietro Paolo Veneziano, Sculptur am Altare in S. Francesco zu Bologna (abgeb.: Cicognara, T. XXXIV.).

Lo Spagna, in Monte Santo bei Todi, 1511, (abgeb. bei E. Förſter, Denkm. ital. Mal. III. T. 27. — Crowe IV. 328).

Paſſional der Äbtiſſin Kunigunde zu Prag, um 1300 (abgeb. in Mitth. V. 82.). Maria ſitzt neben dem Heiland, welcher in der Rechten das Scepter hält, mit der Linken die Krönung vollzieht.

Tympanonrelief an der nordweſtlichen Thür .der S. Sebalduskirche zu Nürnberg, Mitte des 14. Jhdt. (Photogr.).

Gemälde in der S. Lorenz-Kirche zu Nürnberg, um 1400 (abgeb. bei Otte, Kunſtarch. 710).

3. *Chriſtus ſitzt auf dem Throne, zu ſeiner Rechten ſitzt Maria, welche durch einen Engel gekrönt wird:*

Reliquientafel von S. Paul in Kärnthen, 13. Jhdt. abgeb. in Mitth. X. T. IV).

4. *Maria von Chriſtus und einem Engel gekrönt:*

Tympanonrelief der Liebfrauenkirche zu Trier, erſte Hälfte des 13. Jhdt. (abgeb. bei E. aus'm Weerth, T. LX. 1). Maria ſitzt in der Mitte, rechts von ihr der Heiland, links der Engel.

5. *Maria ſitzt neben Chriſtus auf dem Throne; der h. Geiſt in Geſtalt einer Taube ſchwebt herab und ſetzt ihr die Krone auf:*

Email an dem Ciborium von Kloſterneuburg (abgeb. iu Mitth. IX. T. I.), 13. Jhdt.

6. *Maria wird von Chriſtus gekrönt in Gegenwart des Vaters:*

Flügelaltar des Ciſtercienſerkloſters in Wiener Neuſtadt, Ende des 15. Jhdt. (abgeb. in Mitth. XVII. T. 1 zu S. 89). In der Mitte der Darſtellung kniet Maria, rechts von ihr ſitzt der Heiland, der mit der Rechten das Scepter hält, mit der Linken ihr die Krone aufſetzt. Links von Maria ſitzt Gott Vater mit der Rechten ſegnend, in der Linken den Reichsapfel haltend. — Merkwürdig erſcheint, daß auf dem linken Flügel des Altares die Krönung Mariae nochmals dargeſtellt iſt. Hier fehlt Gott Vater.

Bronzerelief in der Akademie zu Venedig (abgeb. bei Cicognara T. XXXVIII).

Ambrogio Borgognone in S. Simpliciano zu Mailand (abgeb. bei Rofini T. CI, Crowe VI. 52).

7. *Maria von Gott Vater und Chriſtus gekrönt:*

Orazio Sammachini in der Akademie zu Bologna (abgeb. bei Rofini, T. CLVI).

Marienaltar der S. Elifabethkirche zu Breslau, Ende des 15. Jhdt.

Marienaltar zu Xanten (abgeb.: E. aus'm Weerth T. XX).

Holzfculptur des Veit Stoß früher in der Burg, jetzt im Germanifchen Mufeum zu Nürnberg (abgeb.: Dohme, Kunſt und Künſtler, II. Veit Stoß p. 13).

Bronzerelief an der Grabplatte des Henning Goden († 1521) im Dome zu Erfurt (abgeb. bei E. Förſter, Denkm. III, Otte, Kunſtarchaeologie p. 718).

8. *Maria von der Dreieinigkeit gekrönt:*

Sculptur an der Kirche zu Verrières, 16. Jhdt. (abgeb. bei Didron, Iconogr. 508).

Gemälde der Augsburger Galerie, ehemals Hans Holbein dem Großvater zugefchrieben (abgeb. bei E. Förſter, Denkm. I).

9. *Maria nach der Krönung vor Chriſtus knieend:*

Michael Pacher, Holzfculptur am Altar von S. Wolfgang (abgeb. bei Förſter, Denkm. VIII).

Gemälde am Plafond eines Baldachins im Germanifchen Mufeum zu Nürnberg (abgeb. in Mitth. XIII. p. XXIV).

LXXX. *Maria erfcheint Johannes dem Evangeliſten auf Pathmos:*

Diefe oft dargeſtellte Legende ſtützt ſich auf Apoc. XII. 1. „Et signum magnum apparuit in coelo, Mulier amicta sole et luna sub pedibus eius et in capite eius corona ſtellarum duodecim. Et in utero habens etc." In den mir bekannten Kunftwerken erfcheint jedoch Maria nie fchwanger, fondern immer trägt fie das Jefuskind auf dem Arme.

Hans Burgkmair, München, Pinakothek N. 65.

Jacobi-Altar zu Leutfchau, um 1500. (abgeb. in Mitth. V. T. VIII).

Johannes-Altar im Breslauer Mufeum, fächfifche Schule, Anf. d. 16. Jhdt.

Kupferſtich des Meiſters E. S. 1466 (B. VI. p. 48).

Kupferſtich von Ludwig Krug. B. 9.

Mit diefer Legende hängt dann zufammen die Darftellung der auf dem Halbmond emporfchwebenden Jungfrau. Bedeutungslos iſt es, ob die concave oder convexe Seite des Mondes nach oben gekehrt iſt. Zuweilen iſt auch noch die Schlange zugefügt, die Maria unter ihre Füße tritt, anfpielend auf Gen. III. „ipsa conteret caput tuum (sc. serpentis) et tu infidiaberis calcaneo eius." Gewöhnlich iſt die Jungfrau mit dem Kinde dargeſtellt; im ſiebzehnten Jahrhundert z. B. bei Murillo erſcheint ſie jugendlich, ohne Kind; der Name „Conceptio, immaculataConceptio" für dieſe Darſtellung erſcheint jedoch völlig ungerechtfertigt.

Holzſchnitt 1440—5o (Holzſchn. d. Germ. Muſeums T. XXIX).

Kupferſtiche: von Meiſter E. S. (B. VI. 5o), Israel von Meckenen (B. 47), Albrecht Dürer (B. 31. 32), Lucas von Leyden (B. 3o. 81. 82), Ludwig Krug (B. 7), H. S. Beham (B. 17), H. Aldegrever (B. 5o), Relief in Herrenberg (abgeb. bei Heideloff, Kunſt des MA. in Schwaben, T. II). Maria mit dem Kinde, von einer Strahlenglorie umgeben, ſteht auf dem Halbmonde, der auf der von einer Schlange umwundenen Erdkugel ruht.

LXXXI. *Maria erſcheint bei der Auferſtehung und dem jüngſten Gericht als Fürbitterin zur Rechten des Heilands; zu deſſen Linken iſt öfters Johannes der Täufer angebracht.* Dieſe Darſtellung verwirft Molanus (de historia SS. Imaginum lib. II. cap. XIII): „Item in extremo iudicio aliqui apponunt B. Virginem et Johannem Baptistam orantes, quae pingendi ratio videtur sapere damnatum ab Auguſtino dogma de damnandorum salvatione per preces et interceſſionem sanctorum etc.":

Giotto in der Arenacapelle zu Padua.

Simone Martini (?) in der Spagnuoli-Capelle zu Florenz (Crowe II. 258. Photogr. v. Alinari).

Orcagna in Sta. Maria Novella zu Florenz (Crowe II. 8. Phot.).

Orcagna (?) im Campo Santo zu Piſa (Photogr.).

Fieſole in der Akademie zu Florenz (Crowe II. 162. — Photogr.), und ebendaſelbſt (Crowe II. 15o. — Photogr.).

Michelangelo Buonarroti in der Sixtiniſchen Kapelle zu Rom.

Köln, Wallraf-Richartzmuſeum N. 178. 184.

Epitaphiumsgemälde der Hedwig Rinder († 1513) und des Andreas Pecherer († 1515) in der Eliſabethkirche und der Magdalena Rotin († 1515) in der Maria-Magdalenenkirche zu Breslau.

LXXXIII. *Maria wird von dem Evangeliſten Lucas gemalt:*[1]

Timoteo Viti in der Accademia di San Luca zu Rom (Crowe V. 62o).

Roger van der Weyden, alte Pinakothek zu München (Crowe 26o, abgeb.: Louis Viardot, Painters of all schools, p. 275).

Pſeudo Memling in der Eremitage zu Petersburg (Crowe 334).

Heinrich Aldegrever, Gemäldegalerie zu Wien (I. 74).

Jean Goſſaert (Mabuſe) im Belvedere zu Wien.

Martin van Veen (Heemskerk) im Rathhaus zu Harlem (cf. Michiels III. 237).

---

1) Das Nähere über dieſe Legende iſt in Jo. Andr. Schmidii Prolusionum Marianarum Quinta (Helmstadii 1714) zuſammengeſtellt.

www.ingramcontent.com/pod-product-compliance
Lightning Source LLC
Chambersburg PA
CBHW030001030726
47499CB00008B/2838